大夏书系·教师专业发展

陈静静 等／著

跟随佐藤学做教育

做教育

学习共同体的愿景与行动

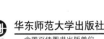华东师范大学出版社
ECNUP
全国百佳图书出版单位

目 录
Contents

序：走向"学习共同体"的创造

21世纪是"课堂革命"的世纪。日本东京大学佐藤学教授三十几年来，殚精竭虑，躬行实践，开创了"课堂革命"的东亚奇迹。在他漫长而艰难的挑战过程中，我们可以读到诸多值得品味的关键事件。

第一个关键事件，揭开"教学科学"的神秘面纱。1992年，佐藤学教授率先打开"教学研究"的"潘多拉之盒"，揭开了"教学科学"的神秘面纱。在他看来，日本教育界那些标榜深入研究"教学科学"的一般研究者并没有尝试在课堂中亲自去实践，也不去探讨一线教师直面的具体实践课题，却一味强调对教学过程的技术作合理性解释。这种"教学研究"既不能打开"黑匣子"，也不能踏进"玻璃盒"，更不能打开"潘多拉之盒"，终究不过是形成了如下一套"神话体系"而已：其一，"教学科学法则"的神话——"教学过程是合乎法则的过程，作为确立法则之学是可能形成的。而这种法则是可以根据学习与发展心理学研究加以阐释的"。其二，"普遍教学论与学科教育学"的神话——"教学的过程是凭借合理的技术构成的，凭借出色的教学有可能求得更合理的技术体系"。换言之，以为"超越了学科教学的特殊性的普遍的教学理论是存在的"。其三，"教学研究主导性"的神话——"教学实践的践行者是教师，教育科学的理论研究专家是研究者"。

面对传统"教学研究"的陷阱与神话，他呼吁教学研究的转型，并且针锋相对地指出：第一，教学过程是师生的文化、社会实践过程。因此，不可能是价值中立的过程，而是政治的、经济的、社会的、文化的、伦理的复杂实现过程。第二，教学过程不是合理的技术应用过程。就教师而言，是在复杂的语境中展开的对实践性问题的解决过程。因此传统的"教学科学"是站不住脚的。"教学研究"的领域首先是一线教师实践研究的对象，其次是教育研究者以多样的科学为基础，同一线教师展开"合作研究"的对象。第三，作为教育科学的教学研究，不是特定专家垄断的领域，而是所有学科领域的研究者展开跨学科研究的领域。教师的实践研究与研究者的理论研究，共享同一个研究对象，尽管在课题与责任上有所分工，这一研究对象却应当是一道"协同研究"的领域。

第二个关键事件，躬行"学习共同体"的学校创建实践。1998年，佐藤学教授应"神奈川县茅崎市教育委员会"之邀，基于他的"学习共同体"理念，展开了创建新型学校的实验。滨之乡小学揭橥"学习共同体"的理念，教师们组成学习社群，展开"授业研究"，寻求共同的专业成长。他们的心得是："课堂不变，教师不会变；教师不变，学校不会变。"确实，他们营造了新的学校文化，给中小学界带来了巨大的冲击。"滨之乡小学"就这样诞生了。佐藤学教授作为一个"行动的教育学者"，从东京大学的象牙塔走出来，走进城市与乡村的中小学，进入每一间课堂，观察课堂中每一件微不足道的小事，同教师一起研讨儿童学习的过程，同校长一起探讨教师的发展与学校的网络，经历过无数次的失败与痛苦，也面对过无数次的彷徨与失落，但所有这些都没有动摇他的信念，反而鞭策他从实践中学到智慧。在他看来，要理解学校改革的问题与困境，就要走向学校现场，浸润其中。唯有这样，才能找到现实的路径与通道，因为，"学校改革的一切答案在现场"。如今，日本国内中小学大约有2500所，欧美和东南亚地区（27个国家）的中小学大约有500所，结成了松散的草根改革的网络。以"滨之乡小学"为代表的提供实践模型的先锋学校，在整个日本约有300所，这些学校每年举办1000次左右的公开研讨会，可谓声势浩大。毫无疑问，这种改革为新型学校的创建，提供了源源不断的实践经验与思想资料。

第三个关键事件，创造"研究"与"实践"的新型关系。佐藤学教授传承日本"授业研究"的传统，形成了一套"授业研究"的话语系统，积累了丰富的"授业研究"的案例。日本中小学的"授业研究"主要是围绕"单元教学"展开的系统性、整体性研究。教师们一起备课，一起观摩教学，一起反思教学，一起评议教学过程中发生的现象与问题，一起发现教学改进的门道。这种"授业研究"的展开，不同于传统的"假设—验证"型的研究。在这里，教师不再是被研究的对象，教师自身就是研究者；研究者的作用也不再停留于从单纯的观察者的立场，对现场提供一些指点，而是基于研究者与一线教师的交互影响的关系，创生新的教育智慧。佐藤学教授自己从这些学校的儿童学习与教师实践的实例中得到了学习。他说："学校与课堂的造访乃是一种动人心弦的、令人惊异的经验。多少次的造访、多少次的课堂观摩，从没有令人失望：总是直面众多的难题，不得不去展开求解多元高次方程那般复杂的思索，并从每日每时同这些难题格斗、孜孜以求地展开学习的儿童与教师身上，享受多样的感动。"

透过上述关键事件，读者不难领悟到"教学研究"的真谛与学校发展的愿景。同佐藤学教授的相识，是从当时我作为大阪市立大学文学部客座研究员、他在三重大学教育学部执教之初的 1982 年开始的，30 多年来彼此交往不断。他的一系列著作——《课程与教师》《学习的快乐》《学校的挑战》《教师的挑战》《学校见闻录》，经我的翻译与介绍，得以同我国广大读者见面，这些论著还被其他国家学者译成韩语、英语、法语、德语、西班牙语，产生了广泛而持久的影响。我想，佐藤学的影响力之所以能从日本扩展到我国乃至欧美和东亚其他国家与地区，就是因为他的"学习共同体"的学校改革哲学，能够有效地消解现代学校教育的危机，代表着新时代学校改革的方向。

本书作者陈静静博士是我的学生，在她读博期间，有幸获得国家留学基金管理委员的资助，赴日本东京大学佐藤学研究室访学，跟随佐藤学教授深入当地中小学进行现场研究。她同日本一线教师和学生进行了大量的交流与互动，对"学习共同体"的改革实践如醉如痴。回国后，在上海市浦东新区展开对"学习共同体"的实践探索，积累了诸多鲜活的经验。年轻研究者的实践研究之路本就不易，能够一直坚守，并形成系列性成果，更是难能可贵。这是她研究生涯中迈出的可喜的第一步，期待她能够在未来新型学校——"学习共同体"的创造中，留下更多、更坚实的足迹。

是为序。

2014 年 10 月 6 日

第一章

佐藤学的研究视野

他是"静悄悄革命"的缔造者

一、与众不同的大学教授

在华东师范大学读博士期间，我有幸到东京大学留学一年，当时指导我的日本导师就是佐藤学。佐藤学出生于日本广岛县一个富裕的家庭，祖父曾经是日本的政治家。他曾就读于当地有名的福山高中，并以优异的成绩考入东京大学，在东京大学获得了教育学学士、硕士和博士学位。刚刚毕业的他曾经在三重大学做讲师和副教授，后任东京大学教育学研究科教授。历任东京大学教育学研究科科长、教育学部部长以及日本教育学会会长，他还是全美教育学术会员以及美国教育研究学会（AERA）终身名誉会员。虽然我曾经多次在书的扉页上见到他的照片，但是当我第一次在东京大学见到他的时候还是有些意外。当时，他正要去上课，看到有人向他打招呼就停了下来。他非常瘦，有些发皱的西装外套略显宽大，在西装的口袋里他放了两瓶矿泉水，把西装口袋撑得鼓鼓的。发型个性十足，颇具爱因斯坦的风格，这与我对日本人的印象多少有些出入。但是，那双锐利而深邃的眼睛告诉我这就是大名鼎鼎的佐藤学教授。

2006年佐藤学教授在东京大学教育学研究科创办了"学校教育高度化"专业，并负责本专业主要的研究和教学工作。"学校教育高度化"专业秉承"实践性""综合性""合作性"的研究理念，对学校中存在的各种问题进行项目式研究。"学校教育高度化"专业包括教职专业性的高度化、教育内容高度化与学校开发政策高度化三个分支，以培养兼具教育实践能力与研究能力的教育研究者和教师为目标。令人吃惊的是，他的研究室有30多名研究生，其中博士生竟然有24名。研究生每周有三节大课，分别叫作"课例研究""现场研究"与"论文指导",而且授课教师全部是佐藤学本人。

佐藤学上课的方式非常特别,可以说是自成一家。在"课例研究"课上,他从不拿教案、讲义,只带一盘录像带,那是他在中小学课堂上拍摄的教学案例。他先是饶有兴趣地介绍讲课的老师或是学校发生的趣事,讲到开心的地方,他就径自大笑起来,手舞足蹈,完全沉浸在自己的故事中。在播放教学录像的过程中,他有时会补充说明,有时则小憩一会儿。当录像放完之后,他就马上恢复了精气神。我们先是进行半小时左右的小组讨论,每个小组派一个人把讨论过程描述一下,最后是由佐藤学来讲解。他对课例的观察细致入微,几乎不放过任何一个细节,而且旁征博引,思路开阔流畅,让人如沐春风。我们都叹服于佐藤学先生惊人的记忆力和深刻的剖析力,他的点拨常常令我们恍然大悟。"课例研究"课的时间很长,大概有三小时左右,而且是在下午四点到晚上七八点的时间,中间休息的时候,佐藤学就会到楼上的自动售货机上买一瓶矿泉水和一个小面包当作晚饭。当学生有问题请教或者有教师来访的时候,这顿晚饭也省了下来。"现场研究"课上,他带着这些研究生们到学校里、到课堂上去观察、去记录、去思考。研究生们早已习惯了这种早早起床,身背摄像机、三脚架,到很远的学校去听课、录制课例及与教师们交流的研究生活,在品味着实践的快乐的同时,也更深入地了解学生、了解教师、了解复杂而多彩的学校世界。

二、儿童世界的倾听者

无论是在大学的讲坛上,还是在中小学的课堂上,佐藤学用得最多的词就是"孩子"(日语:子ども),教育学上称为"儿童",这是他以及整个研究室共通的术语。虽然他几乎没有在中小学执教的经验,但是他对孩子的了解深刻得不可思议。他通过姿势、动作、表情、眼神可以看到孩子们的内心世界,了解他们的喜悦、痛苦、不安与矛盾。在他的眼中,每一个孩子都有自己独特的个性,都是造物主的礼物,都应该成为他们自己。当他在学校的走廊上看到学生们的涂鸦时会露出会心的笑容,他对我们说:"这就是孩子们,他们画得虽不算好，但是你看到了吗？每一幅画的构图都是不同的，他们实际上都是通过图画来表现自己的，而不是去临摹别人，这就是每个孩子的个性，这也是艺术的魅力。"

在中小学的课堂上，我们可以随意走到孩子们的身边，仔细观察孩子学习的过程，而佐藤学对孩子的发现能力就是这样练出来的。他通过细节可以看出孩子们是在投入地学习还是遇到了困难，可以看出孩子们是否通过他们自己的方式互相帮助，而这种帮助往往是微妙的、隐蔽的，容易被成人的眼睛忽略的。孩子们互相学习、认知跳跃的过程是如此复杂，又是如此漫长，但是他总是不慌不忙地在一旁等待，等待孩子们用自己的力量去学习，去成长。

佐藤学常说："有人认为教学是说话的艺术，其实不然，甚至正好相反，教学其实是倾听，教师要放慢语调，放低声音，只有这样才能倾听到每个孩子的声音，倾听到他们对求知的渴望。"当一个孩子轻声回答问题的时候，老师不要说"请大声说一遍"，而应该说"刚才听到很有趣的事情，让我们再听一遍"。没有任何孩子不想学习，没有任何孩子不希望取得学习上的成功，孩子厌学、离开学校的真正原因是他们的声音被淹没，他们对学校感到绝望。所以只有为学生提供安心的环境，提供一个孩子可以言说的空间，给他们自由表达的机会，给他们互相联系、彼此关照的学习机会，才能让他们从"勉强"（注：日语"学习"之意，专指学生的学习训练）的孤独感当中解脱出来。当大人看到孩子叛逆、冷漠、不听话、不用功的时候，却没有发现孩子是多么渴望被倾听，多么渴望能做更好的自己。但是，孩子毕竟是孩子，他们表达的方式可能就是相反的或者变式的，你只有静下心来，安安静静地等待，才能真正走进孩子们的内心世界。

佐藤学还认为：教师不仅仅要倾听孩子，也应该创造条件让孩子互相倾听，互相联系，让他们理解别人的痛苦，这是民主社会合格公民的基本素养。他曾经指着一张课上拍到的照片说：这是个很有意思的故事——老师问"6 是2 的几倍"，小南回答"12 倍"，一旁的小樱就说"那是因为小南对'倍'这个词感兴趣，所以才会说是 12 倍的"。你们看看孩子们之间是在相互倾听的，小樱没有直接说是"3 倍"，她理解小南在学习中遇到的困难，这对小南更有帮助。这么一个小小的细节被定格在佐藤学的相机里，也定格在他的心里。这是他放下身段、放下成人固定的思维方式，从孩子的视角去看、去倾听、去欣赏的结果。

三、教师的专业对话者

佐藤学是教职专业化坚定的拥护者，他将教师的作用定性为"对话性他者"，即在"最近发展区"里，能够促使学习者的学习发生跳跃的、起到一种"脚手架"作用的"他者"。[①] 而实际上，佐藤学也是一线教师们重要的"对话性他者"。佐藤学的研究都是围绕课堂教学展开的，在几十年里他已经听过了10000多节课，并与这些教师们进行着直接的对话；他通过课堂观察所写出的著作不下几十本，这些著作实现了他与日本乃至全亚洲的成千上万的教师们的间接对话。这种对话建立在研究者与教师相互理解的基础上，因此是愉悦且充满智慧的。他喜欢"对话"的方式，因为在他看来，教育就是对话，无论是中国的孔子还是古希腊的苏格拉底都是在用对话的方式来进行教学。

他号召教师走出自己的"班级王国"，以一种开放的姿态来接受观摩，并积极观摩其他教师的课，从而形成一种相互学习和促进的关系。我曾经多次与佐藤学一起去学校听课。他在学校一待就是一天，了解教师的教学情况，了解他们在教学中的困难。他不喜欢用简单的"好"或"不好"去评价课，因为每位老师为了上好课都付出了巨大的努力，而且每位教师都有自己对教学的独特思考。他与教师的对话围绕的就是"孩子"，这是他们共同的关注点。在公开课后，全校的教师都来进行教学研讨，他们往往不是针对教学技能、技巧，而是针对学生的学习展开，讨论学生们在这节课中的成长。比如小组中学生的关系如何，他们是否能够很好地协作，共同探究的问题可能出现在什么地方；学生是否实现了认知上的跳跃，学生认知发生跳跃的时机是什么，学生的学习发生质变的原因是什么，是什么阻止学生深入学习。教师

---

① ［日］佐藤学著.学习的快乐［M］.钟启泉译.北京：教育科学出版社，2004：47.

不是简单评价教师教学的好与坏，而是通过对学生学习过程的评价来实现，这是一种以认同为基础的弱评价，从而可以创设一种安全和信任的环境。在相互信任的言说情境中，教师之间形成了一种实质性的对话关系，从而最终达成对教学的共识。

佐藤学充分体谅教师工作无边界的苦衷，他倡导学校将行政与教学分开，尽量减少教师的杂务，使教师专心研究教学。他清楚教师在教学中容易出现的问题以及不同学校、不同年龄阶段教师的倾向性，他可以通过几秒钟的时间判断出老师是否能让孩子安心学习。在教学研讨会上，佐藤学会让教师们讨论并充分地发言，从不轻易打断，只是在一旁点头微笑。佐藤学与教师们沟通的有效方法就是"倾听"和"对话"。在我的记忆里，他好像从来没有套用过理论来解释课堂的实践，他用课堂中孩子们的名字、教学内容和教师的行动去诠释，因为他充分了解并理解这个课堂中的所有要素。

佐藤学所做的可以说是教研、科研、培训三位一体的教师专业发展援助工作。我曾经到他指导的常盘松中学去访谈，所有的语文教师都接受了访谈。他们对教育的理解与言说令我这个学教育的研究生汗颜，从中我能够感受到佐藤学对这里的教师们深入骨髓的影响。以下是常盘松中学教师的一些见解：

> 孩子们的表情丰富一点不是更好吗？孩子的笑脸、他们悲伤或者遗憾的表情，这些都是必要的，而不是让他们小脸紧绷着去学习。孩子们有各种各样的表情，我很希望他们在课堂上能够展现出丰富的表情，丰富的内心世界。我不太喜欢一种绝不允许失败的气氛。不能出现任何错误，但是即使出了错又能怎样呢？错了可以跟同学们承认，但是过后还是觉得那很有意思。

四、"学习共同体"的实践者

在他的研究室里，经常可以看到很多来访的老师和校长。他们多是慕名而来，希望得到佐藤学的指导和帮助，因此，他的日程总是排得很满。一名研究生曾经说过："佐藤学在日本如同神一样的存在。因为他不但是课堂教学专家，又是学校发展诊断专家，很多学校都在他的影响下扭转了局面，比如滨之乡小学、常盘松中学、岳阳初中、青山小学等等，这些学校都是从低学力学校发展为高学力学校的，这种变化简直太神奇了。"我们从佐藤学的《学习的快乐》《学校的挑战》等书中也能看到这些事例，这些学校曾经都面临发展的困境，通过"学习共同体"改革后，才逐渐恢复了生机和活力。

到目前为止，日本参与佐藤学所倡导的"学习共同体"改革的中小学有3000所左右，其中领航学校有300所。在佐藤学的带领下，50名由校长和研究者组成的团队对这些学校进行长期的跟踪指导。而在亚洲的很多国家，例如韩国、中国等国家和地区都不同程度地进行了类似的改革，可以说一场"静悄悄革命"正在亚洲范围内展开，而佐藤先生是这场革命的缔造者。他曾经风趣地说："我在其他国家比在日本还要有名。"但同时，他也严肃地告诫道："我做了20多年学校改革，其中前10年都是失败的，在我手上失败的学校不下1000所，所以我比任何人都理解改革的艰难，我所承受的改革失败的痛苦比任何人都多。改革并非易事，人都是顽固的，都不愿意改变，但每个人都在改革中扮演着不可或缺的角色。"因此，改革的起点是从学校内部建立一种愿景，并使全体教师、学生、家长达成共识，只有这种内部的动力才能引导学校走向改革的成功。其中最难的是做好领航学校的建设，只要领航学校取得成功，其他学校就会跟着做，改革只要得到实践的认可就可以迅速推广开来。

如今，佐藤学已经步入花甲之年，他将几十年的时光都放在"学习共同体"的教学改革与学校变革上，并从一个美国课程改造史的研究者成长为学校教育教学改革的旗手。他是杜威的追随者，追求的是教育的"平等"与"质量"，追求的是教育的"公共性"与"卓越性"。他一直为保障儿童的学习权而奔走，至今仍然保持着每周三天在学校听课、研讨的习惯。每去一个国家，他最先去的地方总是博物馆和学校。他曾经说过：教育研究是一个清贫的行业，但在孩子与教师成长中所体会的快乐，也是其他行业难以比拟的。

2000年以后他曾多次到中国的上海、哈尔滨、西安等地参观学校，指导

"学习共同体"改革，从中他感受到中国教师与学生们积极进取的精神状态，他为"学校共同体"在中国开花、结果由衷地感到高兴。他说这些学校的改革是具有前瞻性的——21世纪中国的社会需要优质的教育来创造，这种变革是急速的。"疾驰的中国"——这就是我得到的强烈印象。①

　　本文作者陈静静，首次发表在《上海教育》(2011.12)，内容有改动。

①［日］佐藤学著. 学校的挑战［M］. 钟启泉译. 上海：华东师范大学出版社，2010：133.

教育研究的三种"慧眼"

教育问题往往是复杂的，而我们考察和研究教育问题的时候也往往会从不同的视角和立场出发，这与我们个人的生活背景、研究兴趣、价值偏好有着密切的关系。佐藤学曾经用三种比喻来形容教育研究的视角，形象而贴切，他认为：教育研究如同是用眼睛在观察世界，不同的眼睛就代表了不同的研究视角，最基本的三种视角是"飞鸟之眼""蜻蜓之眼"和"蚂蚁之眼"。

一、飞鸟之眼：高瞻远瞩却浮光掠影

飞鸟高翔天空，一目千里，所以在自然界中，视野最为开阔的莫过于它们。它们自由自在，不受拘束，没有限定。但是由于它们多是俯瞰，视角虽然开阔，却并不集中，而且因为它们高悬在空中，所有的事物在它们眼中都是渺小而不甚清晰的。

记得刚刚开始学习教育理论的时候，我所接触的基本上都是这个类型的理论，比如："教育与经济谁先行""教学中的各个要素之间的关系"等等。作为一个还没有入门的研究者，我曾经一度认为这样的问题体现了思想的深度，这种宏大的哲学命题确实需要我们仔细思考。但是经过一段时间的学习，我发现其实这些问题是没有确切答案的，即使有答案也是他人强加的，而且即使我有能力提出自己的见解，当我在面对具体的教育问题时还是束手无策。教育专业人士在教育的门外打转，隔着厚厚的围墙，研究一些不着边际的宏观命题。此后我一直在追寻：我到底应该研究些什么，我的出发点和立足点应该放在哪里？几乎每一个教育研究者都曾面对这样的问题。一位年近花甲的良师益友，致力于教育研究和教学30余年，她不无感慨地说："兢兢业业写了那么多的东西，现在看来又有多少是有价值的呢？这种纯理论的研究最后只会让人走向困惑和虚无，如同一个人在与空气跳舞。"我相信很多从事理论研究的人或多或少都曾经有过这样的困惑。

以往我们的教育研究过多地从"飞鸟之眼"来观察教育实践，虽然能够"高瞻远瞩"，但是由于飞得太高，根本难以顾及实践，其结果是一方面教育研究者批评实践现场封闭落后，另一方面教育实践者也因理论并不能指导自己的工作而对理论丧失信心。教育理论与实践之间的鸿沟越拉越大，就算在今天，这样的倾向性也非常明显。教育研究常常以其所建构或创造的理论为起点，采用舍恩所谓的"理论应用于实践"（theory into practice）的模式，而后再对实践进行评价，然后修改理论，再应用，再评价。在这种情况下，相对于实践者和实践领域，研究者往往会以居高临下的姿态对其进行预见和猜测。在这种思想的影响下，理论者醉心于自己的假设和论证，对实践越来越缺乏关心和关照，理论和实践、理论者和实践者之间日益分化，而且渐行渐远。教师用自己的方法进行着日复一日的教学，理论和实践者各有一套话语体系和行为方式，两者之间如同两条平行线——无限延伸却永不相交。

二、蜻蜓之眼：视角下移却蜻蜓点水

蜻蜓也善于飞翔，但与飞鸟不同的是，蜻蜓飞翔的高度要低得多，而且它们常常还会停下来歇息，因此与飞鸟相比，蜻蜓更加容易亲近，也更接地气。从研究的角度来看，"蜻蜓之眼式"的研究所聚焦的不是宏观的层面，而是在思考和反映一些中观层次的问题，比如某个区域的某种特定的教育问题，或者教育管理方面的课题等等。一般来说，这样的研究可以给区域的教育管理和决策提供专业支持，这种研究的目的不是理论建构，而是解决教育管理和决策层面的具体问题。

以"蜻蜓之眼"来看教育固然是非常重要的，但是也会存在一定的误区，即蜻蜓点水、浅尝辄止。这种研究常常采用的研究方法是问卷调研和访谈，有的研究者只需要制定某一个问题的问卷，然后在一定范围内发放即可，随着网络技术的不断发展，很多研究者并不需要亲自到学校去发放，而是可以采用网络调研的方式，他们与被调查者并没有真正见过面，也没有去过对方工作的环境，也不了解其真实想法。研究者根据多数人的问卷作答情况进行数量化分析，每一所学校、每一位老师都不过是这个调研中一个微不足道的小小数字而已。而且调研最后的结果和结论往往是不公布的，所以对很多被调研对象来说，他们在不知情的情况下去填写一些莫名其妙的问卷，然后又没有了下文，所以对待这种不知前因后果的调研，老师们最常用的方式就是应付。我自己也常常成为被调研对象，我的办法就是与自己相关度较高的就认真琢磨琢磨，否则就随意点一下。正是因为与调研对象缺乏深入的沟通，所以这类调查的结果往往是低效甚至无效的。

另一些研究者相对比较严谨，他们会选择一些学校作为重点研究对象，到学校去采访一下校长或者某些教师，作为数量化研究之外的补充材料。虽然这比问卷调研深入，但为访谈对象所限，研究者对学校的了解往往是片面的、不清晰的，可以说一两所学校的一两位受访者的主观感受，并不能代表所有的情况，学校和教师的独特性往往被忽略。如果学校层面的校长和老师有机会读到类似的报告的话，他们可能会对研究结论质疑，因为这样的结论与他们学校的实际情况相去甚远。

有些教育研究者或教育管理者也希望能够了解学校的情况，但是他们不愿意去与老师和学生深入交流，而只是向学校的管理者了解情况，看一看学校的工作计划、总结，翻一翻学校准备好的各种台账资料，然后就在心里或在评价表上给出相应的分数，教育问题的研究和评价已经简化成对台账的翻阅。老师工作得是否愉快，他们在工作中是否遇到了问题，学生们是否能够快乐地学习，他们的成长是否得到了全面的关注等等，蜻蜓点水的研究是无法给出准确的答案的。正是因为如此，这样的研究也难得到广大师生的支持和认真参与，也就无法对学校生活产生实质性的影响。

三、蚂蚁之眼：所见有限却精确细致

与飞鸟和蜻蜓相比，蚂蚁显得微不足道，它们个头很小，每天成群结队地在地表或地下爬行、忙碌。但是蚂蚁虽小，却有着自己特有的优势。看似最不起眼的它们，却是最为亲近泥土、亲近自然的，它们每天都在用身体丈量着土地，用触角嗅着泥土的味道，它们知道哪里有喜欢的食物，知道地下多深处有水源。它们对大地的熟知程度远远高于飞鸟和蜻蜓，它们在用自己的行动改变着土地的样貌和性质，它们的家就在这里，它们才是这片土地真正的主宰。

蚂蚁的视野虽不甚宽广，但是它们却精心地改变着脚下的土地，它们的视角对研究者来说应该是不可或缺的，也是难能可贵的。研究者自己成为一名教师，站在教师的立场去亲身体验，深入学校和课堂，与教师共同生活，了解他们的苦乐，了解孩子们真正的学习情况，了解学校和家长各自的苦衷，教师专业场景中的生活细节都可以成为研究的对象。而这样的研究因为更接地气、更接近教师真正的生活，所以会得到学校和教师的广泛的接受和支持。

实际上，教育研究应该不同于一般的自然科学，甚至不应同于一般的社会科学，它应该是深植于教育实践的土壤之中的，应该为教师的智慧的判断和决策、为学生的快乐学习和成长而不断探索。教育的理论应该是"实践中的理论"（theory in practice），教育理论不会因其具体性、不确切和生成性而显得不成熟，相反当教育理论做到了这一点，真正在理论和实践关系上找到了契合点，那才代表教育理论的成熟，代表着教育理论自己的研究方式和特征。从实践到理论，再从理论到实践，最后再上升为理论，这样的螺旋式上升过程才是教育研究本该选择的发展线路。

四、转换视角：用另一只眼睛看教育

在笔者看来，无论是"飞鸟之眼"还是"蜻蜓之眼"，抑或是"蚂蚁之眼"，这三种眼睛都是必要的视角，关键是如何让这三种眼睛都成为"慧眼"。每个人会因为自己的身份、立场和背景的不同而选择不同的观察视角，但是每个人在选择自己视角的同时，应该更加敏感地意识到或许可以用其他方式来思考和解决问题。

在转换视角方面，佐藤学无疑是一个典范。佐藤学在东京大学获得教育学硕士学位后，曾经在三重大学从事教学工作。后来，他再次回到东京大学攻读博士学位，并留校任教。从他的博士论文《美国课程改造史研究——单元学习的创造》（东京大学出版会，1990 年）可以看出，最初佐藤学也是倾向于理论研究，专注于钻研美国的课程史。但是他没有像一般人那样选择躲在书斋里钻研故纸堆，而是走出了象牙塔，到中小学中去、到课堂中去，对此，他也有相关的复杂的心路历程。

众所周知，日本一向重视教育，1900 年日本就完成了义务教育的普及，在经济合作与发展组织（OECD）的国际学生评估项目（PISA）测试中，日本也始终站在第一梯队的前沿。但是到了 20 世纪七八十年代，日本的学校教育出现了前所未有的危机，学校荒芜、学生逃学、班级崩溃的现象屡屡见诸报端，社会把矛头直指学校和教师，学校教育风雨飘摇。佐藤学在研究美国课程改造史的过程中，对杜威非常钦佩，特别是杜威创办芝加哥实验学校，以非凡的勇气去改造教育现实之举。时至今日，他对杜威的仰慕之情依然溢于言表。正是这种特殊的时代背景激发了佐藤学的斗志，他决定走出书斋，走向实践。

佐藤学之所以选择引领中小学教师的教学，因为他认为基础教育是塑造人的关键阶段，给基础教育以正向的指导，就会影响一批人甚至一代人。因此，他不知疲倦地奔波于各地中小学、幼儿园，走进每一位老师的课堂，关注每一个儿童的学习过程。在中小学，他的身份不再是一位东京大学的知名学者，而是一位认真的倾听者——倾听老师的心声，倾听儿童的话语，倾听课堂上每一种微妙的声响。他沉浸其中，以一种"蚂蚁"对待泥土的专注精神去感受、去聆听。他与老师在交流的时候，都是以课堂上儿童所展现出的学习状态为中心，他与老师们分享着他所看到的学生们的故事，讨论着故事背后所蕴含的教育内涵，在他看来，几乎所有的课堂都是精彩的，因为每一个课堂中都有几十个儿童在演绎着关于学习的精彩故事。他就是通过对课堂细致而入微的观察、分析赢得了老师们的心，老师们觉得他就是自己的知音，他懂自己、懂自己的课堂、懂这个课堂上的孩子们。他用"蚂蚁之眼"所观察到的世界，甚至比真正从事教学的老师还细致、深入。

但是，佐藤学从来不只是用一种视角来看待教育的，他同样学识渊博，高瞻远瞩。佐藤学研究室的一位博士曾经跟我讲起他和佐藤学的一段对话。佐藤学老师对这位正在写博士论文的学生说："我建议你看 20 本书。"博士生回答："一年看 20 本书还是没问题的。"佐藤学摇摇头："我是说一个月。"一句话让这位博士生非常惭愧。一个月看 20 本书对佐藤学来说并不稀奇。走进他的办公室，我们所见之处几乎都是书，而且常常能看到他的桌子上同时翻开几本书。也正是大量的阅读，积淀出他深厚的学理基础。可以说，他扎根土壤，思想却在自由高飞。

同时，他对教育理论的研究因为深入课堂而越发深刻、细腻，并逐渐成为日本教育研究的领军人物，曾经担任过日本教育学会的会长。同时他还经常应邀到美国、法国、意大利、墨西哥等国家进行讲学，在学术研究领域的声望和影响力可见一斑。但是他并不醉心于做"飞鸟"，而是时刻保持着"蚂蚁"一样的草根性，即便是到其他国家去，他也不会忘记深入课堂，与其他国家的校长和老师进行交流，从异国同人那里获取经验和灵感。他在中国颇有影响的著作《教师的挑战》（被《中国教育报》评为 2012 年度教师喜爱的100 本书 TOP10）中对这些国家的课堂教学改革进行了细致而深入的阐释。在佐藤学的课上，他经常如数家珍地对许多国家的教育研究和实践现状进行分析，让人不禁惊叹于其研究见识的广博和大气。

这对我们中国的教育研究者、管理者和一线的老师都有一定的启示作用。一个人的身份可能是固定的，但却不应该因此而固化了自己的视野。在我们看来，无论是"飞鸟之眼"还是"蜻蜓之眼"，抑或是"蚂蚁之眼"，这都是我们必须拥有的视角，对待教育我们需要时刻提醒自己去转换视角。做理论研究的人应更多地进入学校、课堂，与学校中的老师们、学生们共同呼吸、共同感受，聆听教育最主要的主体们所发出的声音。如果说他们在很多情况下还是"失声"的，那并不说明他们的声音微弱，而是他们自己在堵着耳朵。课堂中的精彩背后有着难以言说的深刻，一个雨滴所折射的是太阳耀眼的光辉。对于一线教师来说，他们也同样可以用不同的视角来看待自己身处的学校和班级，以一种开放的、接纳的、不断超越自我的心态去学习、去思考、去研究，在看似平凡的教学生活中发现美、发现故事、发现新的路径。

教育就是一个不断与新时代的人们展开交流活动的领域，所以与教育相关的所有人都应该具备与这些新时代的人们展开对话的能力。要展开对话，最首要的是换位、换角度思考，只有这样才能让每一种视角都成为慧眼，从而使自己具备最强的洞察力，那么这个领域的很多问题就可以有解，甚至可能是多解。

本文作者陈静静

21 世纪的学校改革与课程改革

一、21世纪的社会类型及其对教育的挑战

1. 知识型社会需要人具有终身学习的能力

目前，多数发达国家和一部分发展中国家都在从产业型社会向知识型社会过渡。我的童年正处于日本产业社会快速发展的时期，那时，日本 70% 的人在工厂劳动，多数简单劳动者与少数精英组成了金字塔型的劳动力市场。而现在，蓝领工人已经流向发展中国家，金字塔的底部分流到海外，知识与智慧高度发展的劳动者成为劳动力市场的主流。1992 年，日本的劳动力市场需要 165 万高中毕业生，而 10 年后的 2002 年，仅需高中毕业的劳动力 15 万人，高中毕业生的失业率显著提高，这说明社会需要新型的智慧型人才。技术、教育、管理、文化等成为中心产业。一个人如果不终身学习，就无法融入社会，这是几乎所有的发达国家都要面对的问题。根据 OECD 的推测，2020 年，日本单纯劳动力市场份额只占 4%。

中国的情况比较复杂。在这里，产业社会快速推进，后产业社会逐渐形成。世界经济的格局是三个中心：北美、欧洲和东亚地区。未来东亚地区将开启世界经济的新时代。五年前世界经济学家预测 20 年后中国将超过日本成为世界第二大经济体，而这个预测仅过了五年就实现了。世界快速的变化需要学生能够适应这种知识型社会的需求，否则就会被排除在社会之外。因此，应该让每个学生都参与到学习中来。

2. 多元化共生的社会要求人们的协同与合作

目前，日本逐渐成为多元社会，东京三岁以下的儿童中，有五分之一至少一方父母是外国人。人们的肤色、文化习惯、个人偏好与需求都表现出较强的个性和独特性。这一方面造成了日本社会的危机，社会的贫富差距增大，三成孩子是贫困阶层，学生成长环境的差异日渐扩大，学生学习的基础、倾向性、学习和生活习惯等也在逐渐拉开差距。另一方面造成了个体明显的心理危机，每个人都是以自我为中心的独立个体，互相之间缺乏关联、缺乏关爱、缺乏信任，人与人之间是无休止的竞争关系，人生存的意义简化为斗争和竞争，这使很多人感到困惑和无助，竞争的压力使他们面临心理崩溃。在这种社会中，人无法通过正常的途径求助于他人，而只能去寻求律师的帮助，在我看来，这样的社会真的非常糟糕。未来的公民要摆脱这种孤立的、绝望的心理和社会怪圈，就要形成一种人与人之间平等的、合作的、协同的公民社会，而这种公民社会的建设始于我们的学校教育。

二、"学习共同体"：实现质量（quality）与平等（equality）的有效路径

1. 合作学习是世界学校改革的趋势

世界各地的学校都在发生着微妙的变化：20 世纪 80 年代，加拿大的教学水准最高，学生平均成绩高于芬兰，上课时间短，关注艺术课程。学校改革往往在郊区或地方取得成功，大城市的学生学习成绩都不尽如人意。例如，美国质量最差的是纽约、洛杉矶，法国是巴黎和里昂，日本则是东京和大阪，中国的上海目前走在改革的前端，但同时也存在一定的风险。在 25 年之中，我走访了 27 个国家的 500 多所处于改革最前端的学校，收集照片 10000 多张，对这些照片进行整理就会发现，每个国家都在进行着合作学习的革命。以芬兰为例，该国的课程时数是世界上最少的，所以，现在已经不是量的时代，而是讲究质量的时代。在 PISA 测试中表现上佳的多数都是人口稀少、学校

人数少的国家。当然上海是个例外。芬兰一所小学的学生只有 60 人左右，芬兰多数是复式班级，一二年级一个教室，三四年级一个教室。两个年级学同样的东西，即课程内容减少了一半，两年上一学年的课，学校的教学质量却很高。现在教室的风景已经发生了很大的变化，熟悉的黑板、讲台这些已经被丢进博物馆，而以合作学习为主流。

2."学习共同体"改革在亚洲许多国家和地区得到推广

2001 年亚洲开始发生变化，日本学校的变化也影响到其他地区。目前学校改革推进最快，变动最剧烈的是亚洲。比如，印度尼西亚将"学习共同体"改革作为其国家的教育政策予以实施，当然其效果如何还是打着问号的：他们想要在 10 年间对所有的教师、所有的教学进行改革，涉及面过大，可能会以失败告终。韩国则用投影仪代替了黑板，其九个区中有七个区在推行"学习共同体"的改革。目前韩国有 120 所改革实验学校，已经形成了密集的学校改革共同体网络。在中国的哈尔滨，有些学校也在进行"学习共同体"的改革，这些学校的课堂教学水平要高于日本，学生中没有一个人掉队，他们之间互相帮助，互相学习，在这些学校和学生身上，我们看到了在中国进行改革的可能性。中国城市地区的学校改革取得了很大成就，因为这里的教师们非常优秀，改革的速度也非常快。在观摩学校过程中，一些教师的教学能力令人吃惊，我认为只要有一个学校做出改革的成绩，其他学校就都可以随之而变。

3. 学校改革并非易事，改革的动力来自学校和教师自身

我一直进行着教育改革的探索，但令人遗憾的是前 10 年的尝试都以失败告终，在我手上失败的学校就有 1000 多所。这些失败让我深感学校改革的不易，因为教师是顽固的、家长是顽固的、校长是顽固的，行政政策也是顽固的。15 年前我带领日本的小学、初中的领航学校进行共同体的改革，取得了比较好的效果，后来全国的学校都纷纷效仿。上海、哈尔滨的教室中也出现了这样的"事件"，上海的其他学校也会效仿，慢慢改变。教师要先改变，要

从教的专家向学的专家转变。教师的工作主要有两大方面：一个是作为熟练的手工业者的知识和能力，二是作为教育专家的知识与能力。有些教师通晓的理论很多，但是讲课很糟糕，这就是手工业者的能力不太好。如果没教出内容，没有知识性，学生很开心，但是却没有学到东西，这是缺少教育专家的能力。教师要在"学习共同体"中成长，学校是促进教师专业化的重要场所。

三、倾听与对话：保证所有学生的学习权

1. 学习不是给出答案而是充分对话

教育自古有对话的传统，苏格拉底、孔子都是以对话著称。学习是与学习内容的对话、与自己的对话、与他人的对话，这是迈向学习的第一步，因此学校的教学就是要通过小组合作学习来促进这种对话。一个人的学习是无用的，有些孩子不用讲已经学会了，而另一些孩子则一直静默无语；学习不是一个人能完成的，学习应该是相互的、互惠的，这样学习能力较低的孩子也能参与到学习中来。学习中最重要的是"跳跃"，即学生学习中有收获，有成就感，这是无法通过一个人的力量来解决的。当然，互相学习不是互相教，互相学习是平等的对话关系，不是一个人迅速给出正确答案，另一个人去模仿。学校本来应该是对话式的，但现实却事与愿违，很多学校没有对话，教师是在独白，而不去倾听别人，也不被别人所了解；教室中的孩子也是在独白，学生之间的竞争关系大于合作关系，在这种关系中，学生不可能获得学习的快乐。

2. 互惠学习不是互教，而是互相倾听，获得学习的快乐

互惠学习是互相倾听，倾听才能产生对话，学习的教室是安静的，安静地沉浸在课堂是达成学习的必要条件。当孩子说话声音低时，请不要让他大声说一遍，而是说"多有意思的事情啊，我们大家都来听听吧"。学生之间相互的理解、相互宽容的态度让合作学习成为可能。互相学习的根本出发点是

倾听，除此之外还有跳跃。曾经一所学校有 40% ～ 60% 的学生逃学，学校面临着无法正常上课的窘境。但是当我们进行互惠学习的实验后，逃学的孩子们都重新回到学校了。在这个过程中，我们了解到多数学生逃学不是因为课业太难，恰恰是因为课业内容太容易而感到绝望。这些学校教师的教学目标水平很低，直接导致学生的学习热情丧失。学习的幸福不是明白答案的幸福，而是共同追求快乐、共同成功的幸福，两个人共同分享幸福的滋味。孩子感到快乐、有希望是因为只要获得一次学习的快乐，就不会忘记这种快乐的感觉，更想迎接学习的挑战。

3. 阶梯型课程转变为登山型课程

传统的学校课程是"阶梯型"课程，这种课程是以"目标—成就—评价"为单位来组织的，追求的是效率性与生产性。其教育内容与学习活动是瞄准最终目标，划分好小步子，然后引导学习者朝最终目标步步攀升。步步攀升的过程是单向地、线性式地规定了的，一旦在某一级踏空了，就会导致"掉队"。这里面蕴藏着导致学习者孤立，学习内容机械分割的危险。

课程的另一种类型是"登山型"，这种课程以"主题—经验—表达"为单位来组织。在"登山型"课程中，达到顶峰是目标，但其价值在于登山本身的体验及其快乐。在"登山型"课程中，学生能够选择自己的道路，以自己的方法、自己的速度登山，随着一步步的攀登，视野开阔，其趣无穷，即便不能攀登顶峰，也可以享受过程中有意义的体验。而且只要不选择危险的道路，就不至于像"阶梯型"课程那样败下阵来。

在"登山型"课程中，教师已经不是"知识的分配者"，而是作为"导游"发挥着引导儿童学习的作用。"导游"熟悉"山"的魅力，理解"山"与"山"之间的关联布局，准备了攀登不同山峰的"登山道"，能够帮助"登山者"面对危险的丛林、沼泽地和悬崖，使"登山者"按照自己的计划快乐地"登山"。

4. 教师之间形成专业"学习共同体"

根据调查，公开教学是教师之间互相学习、形成同僚的重要方式。所有的学校、学校的教室都应该是开放的，所有的学科壁垒都应该被打破，教师站在专业的角度对开放的课堂进行观摩、研讨和反思，从而促进每一位教师的成长。这里需要指出的是，教师之间的评价不应该是简单的"好"或者"不好"，这根本是没有意义的，而且越是这样就越没有办法继续下去。教师之间的研讨要建立在课堂教学事实的基础上，研究学生们的学习在哪些方面取得了成功，他们在学习上还存在哪些困难。我们必须建立教师之间互相学习的环境。一所学校的成功会吸引更多的教师来观摩，从而获得改革经验，以这些领航学校为中心，逐步形成"学习共同体"网络。

5. 学校要建立自身的愿景，保障所有学生的学习权

学校改革的动力不是外部的压力，而是自身的意愿，这是任何改革成功的前提。学校没有改革的愿景，教师们、学生们看不到未来的努力方向，就无法形成合力，成功就无从谈起。而现在很多学校缺乏的往往就是这种生发于学校自身需求的改革愿景，这种愿景要与学校的实际相结合，要与教师和学生的意愿相结合，其核心应该是保障所有学生的学习权，让他们在学习中体会到快乐，通过互相倾听、互惠学习来得到自我表达的机会，从而了解到自己的力量和责任。只有把学生内部的能量发挥出来，才能真正提高学习的效率和效果。所以，评价一所学校是否是好学校，评价一位教师是否是好教师，其根据就是其是否保障了所有学生平等的、高质量的学习机会。

本文系佐藤学 2011 年 6 月 9 日在华东师范大学所作的演讲，译者陈静静。首次发表于《教师月刊》（2012.4），题目有改动。

追求高质量的学力

——东京大学佐藤学教授访谈录

日本文部科学省于 2008 年 2 月 15 日公布了《学习指导要领》的新修改方案。这个方案代表了怎样的教育追求？对学校和教师有怎样的要求？此修改方案存在哪些问题？会给日本未来 10 年的教育带来怎样的影响？提高学生学力的关键因素到底是什么？笔者日前就这些问题采访了东京大学教育学研究科佐藤学教授。

问：日本文部科学省最近公布了《学习指导要领》的修改方案，《学习指导要领》属于行政性文件，而您站在教育学者的角度上，如何看待这次修改方案呢？

答：日本的《学习指导要领》每 10 年就要修订一次，从总体上说本次修改的质量较高，但是仍存在一些问题。我认为以下三点应当引起特别注意。首先，在教学的过程中，当尊重教师的自主性和主动性，使其能够自由地进行教学活动，并且尽可能鼓励学校发挥自身的个性，突出学校的特色。其次，应该站在全球化的角度去考察日本，如果过于强调所谓的日本传统文化，而这种传统文化又缺少独特的内容，将是一种危险。最后，从学力的角度看，学力低下的主要原因是教学构造本身不合理，不能单靠增加学习时间或增加教师的数量和工作量来解决，关键是深入研究学生应该具有怎样的学力，并且分析教师需要怎样的素质，如何追求高素质的学力。

问：在《学习指导要领》修订的背景中，本次《学习指导要领》提出了"知识基础社会"的概念，文部科学省以"知识基础社会"为背景的用意是什么？这种提法是否准确呢？

答：文部科学省此次提出了"知识基础社会"，对知识的作用给予了充分肯定，这是非常正确的。但是现在才认识到"知识基础社会"的重要性未免为时过晚。按照日本的经济发展速度和教育发达程度，早在 10 年前或更早的时候日本就已经进入了"知识基础社会"的发展阶段，如果日本提前 10 年意识到这一点，教育会少走很多弯路。本次修改方案对背景因素的认识不够充分，因此可能影响到本次《学习指导要领》的方向性。本次指导要领只明确提出了"知识基础社会"的单方面原因，实际上应该考虑更多的因素。其中比较重要的因素包括：

首先，日本其实已经处于"高度知识社会"，而不是"知识基础社会"，因此如何应对这种高度发展的知识应该是更重要的课题，而不是仅仅停留在基础的阶段。第二是要适应全球化的发展趋势。日本现在应该是一个全球化的国家，多种文化在这里交融，因此要从全球的视野来看待自己的国家，否则就会出现过分强调自己民族文化的情况。日本应该关注多文化的互动和共同发展。第三，在制定教育政策时，如何在目前的"差别社会"缩小不同地区和学校知识的差距，而不是拉大差距。再有就是日本目前的市民社会还不成熟，要建立成熟的市民社会，建立社会与个人之间的调控机制，也是《学习指导要领》需要考虑的背景问题，但遗憾的是本次的修订方案都没有涉及。

问：本次《学习指导要领》坚持了培养学生的"生存能力"的宗旨，"生存能力"到底指的是什么呢？

答：1998 年的《学习指导要领》首次提出了"生存能力"的概念，从提出之日起，这一概念的真正内涵就不够明确，虽然采用了创造力、表现力等说法，但是都不够准确。"生存"一词是日常生活中的词汇，意义比较模糊，将其作为教育目标不够恰当。如果追溯这个词的来源，当年文部科学省提出"生存能力"的概念其实是要与"应试能力"相对的，即不仅仅追求考试分数，而是要培养学生的创造力和实践能力，其出发点是好的，但是作为文部科学省的纲领性文件，"生存能力"一直没有确切的内涵，从而可能造成各方面的误解，不利于达成共识。

问：新《学习指导要领》受 OECD 的 PISA 学力调查的影响非常大，特别是文中明确指出，要以 PISA 提出的"关键能力"（key competence）作为日本中小学教育目标的重要参考，您对此有何看法？

答："关键能力"是 OECD 于 1995 年在终身学习社会的背景下提出的，是 OECD 国家的公民高中毕业，进行终身学习所需的最低能力标准，是一种素养，而不是培养目标，在这一点上日本文部科学省的理解是有误的。本次《学习指导要领》提出的学力其实是 21 世纪 PISA 学力型与 19 世纪的古典学力型的结合，19 世纪的知识型就包括新《学习指导要领》中所指出的：基本的、基础的知识和技能以及爱国心和道德，这两种学力是否能够融合，目前还难有定论。

问：本次《学习指导要领》增加了大量学习内容，还延长了教学时间，并倡导增加家庭作业，增加学生在校外的学习时间，以期提高学生的学力。您认为这样做的效果如何？

答：《学习指导要领》明确提出了"知识习得与活用能力"共同发展的观点。显然，如果没有掌握汉字或简单的计算方法，高层次的活用和探究能力根本无从谈起。这种理解是正确的，但是其采用的策略是否能够奏效就不得而知了，因为教育的本质问题实际上不是"量"的问题，而是"质"的问题，实际上在 PISA 调查中处于前列的国家，如芬兰、加拿大和澳大利亚的课时数都比较少，而且教学内容也有限，但是其教学的水平很高。单纯依靠增加课时和学习时间来提高学生的学力是不现实的。目前日本的中小学存在两个突出的问题：教学知识和教师素质。学生采用质量较低的教科书，这种低层次的学习内容无论是减少 30% 还是增加 30%，对学生都不会有正面的影响。如果不提升学生所学知识的层次，延长教学时间只能造成更明显的学力低下。

问：日本文部科学省认为日本的学生对理科和数学缺乏学习意愿，这也是造成学力调查中日本学生成绩下滑的重要原因，您认为怎样才能提高学习意愿？

答：仔细分析 PISA 调查结果可以发现：对理科和数学感兴趣一项中得分较高的国家是哥伦比亚和印尼这些发展中国家。发达国家的学生普遍存在理科和数学方面学习意愿不高的问题。其原因是，学好理科和数学对于这些发展中国家的学生来说是改变身份、提高社会地位的最直接的途径，因此学生会更加珍惜这样的学习机会。而日本已经度过了这样的发展时期，目前毕业生的工作往往是自动化的、操作简单灵活方面的，因此人们对理科和数学的需求也相应降低，对数学和理科的兴趣自然会减退。日本已经超越了要依靠提高学习意愿来提高学力的阶段。我认为这里不是学习"意愿"的问题，而是学习的"意义"的问题，即通过各种外在的手段和压力，很难使学生产生学习的动力。更重要的是，要使他们理解学习的意义和乐趣，这样才能使学习长久地持续下去。

问：本次指导要在知识活用的基础上发展解决问题能力，而知识活用的方法主要是试验、写试验报告、发表成果等，您如何理解？

答：知识的活用是绝对必要的，只有通过活用才能使知识真正地被理解。但是活用知识需要教师有非常好的教学设计，对教师的教学能力要求非常高。根据 2003 年文部科学省的调查，日本学校的试验数量居世界首位，但学生对理科实验的评价却非常低。主要原因是学生只是盲目根据指导去操作，对试验的目的和方法却没有真正理解。而且据悉，70% 的试验都是教师做，学生在旁观察，并没有达到培养学生试验能力、加深其对课程知识理解的作用。目前，教师中还存在大量的临时教师，教育预算也有较大缺口，在教师水平没有完全达标的情况下，此举措实际上很难实施。

问：1998 年修订的《学习指导要领》中，最引人注目的莫过于"开设综合学习时间"，但是新的修改方案，却"削减了综合学习时间"。对此您怎么看？

答：实际上，"综合学习时间"是国际共通的，即多数国家都有每周 1～2 小时的综合学习时间，PISA 调查中成绩突出的芬兰、加拿大、新西兰等国家都非常重视这种学习方式，它是提高学生的学习兴趣和成绩的重要方法。而日本采用"综合学习时间"较晚，而且缺乏符合学生学习特点的、适宜的教学内容。"综合学习时间"的内容原则上要贴近生活，但日本的选题都过于简单，甚至可以说是单调，没有使学生形成认知上的挑战，也无法提高学生的智力和学力。而芬兰、美国等国的学习内容就具有一定的挑战性和难度，其选题涉及保险、退休金、财产、贷款、资源、节能等许多社会问题，既增加了学生对社会的了解，又为学生提供了非常好的学习材料。由于目前"综合学习时间"的学习内容质量不高，未能取得预期的学习效果，因此如何处理综合学习和学科学习之间的关系，还需要与家长、与社会各界进一步沟通，从而拿出公民比较满意的方案。

问：新《学习指导要领》会给学校和教师带来怎样影响呢？

答：新《学习指导要领》再度强化了中央集权制，这与分权的改革背道而驰。学校和教师的自主权缩小了，国家通过学力考试等评价方式来控制学校。2006 年的 PISA 调查结果显示：日本学校的自律性和教师的自律性在所有调查国中处于最低水平，教育课程行政中的分权化已经迫在眉睫，而新的《学习指导要领》却强化了对教育的控制，这会造成学校和教师自律性的进一步降低。文部科学省对教师和学校的要求非常高，但又缺少对教师的支持和帮助，会造成实施上的困难。学校可能分裂成三种类型：一是追求 PISA 型学力和发展的学力，二是追求 PISA 型学力，三是追求基础的知识和技能的掌握的学力。

问：要实施新的《学习指导要领》，还要做哪些工作呢？

答：目前文部科学省应该进一步探讨以下三方面的问题。一是要订立课程基准，建立有效的教学评价体系。其目的是使教师明确其教学任务和教学方式，尽量避免教师认识上的模糊和误解，只有这样才能维持高质量的教学，为教师的培养目标提供参考。二是配备相应的教学资源。无论是"综合学习时间"，还是知识活用的探究活动都需要大量的、高质量的学习材料，缺乏适宜的材料和资源，将使以上的课程空洞化，达不到预期的教育效果。三是建立教师支援体系，探讨教师支援策略。目前要充分地理解和实施本次修订案的措施，教师的素质与要求的还有一定的差距，因此需要对教师的教学活动进行指导和帮助，使其明确自己的职责，并能够采用合适的教学方法。如果不具备以上条件，有可能造成更大的误解和混乱。

问：您认为要抓好教育教学的关键问题是什么？

答：PISA 调查中高学力国家的经验告诉我们：教学的关键是追求"质"与"平等"两个方面。只有平等才能保障学生的学力权利，保障学校能够实现飞跃，保证教学质量的提高。目前中国正在进行的教育改革口号就是"素质教育"，英文翻译为"quality education"，这正体现了此种教育模式对"平等"与"质量"的追求，新加坡和中国现都在进行这种转换和尝试，这是难能可贵的。

决定学力的"质"的因素主要是教科书的质量和教师的素质及教养。日本教育中比较严重的问题是教科书问题。教科书内容一直比较单薄、过于简单，而欧洲国家靠教科书保持着高的学力水平，这一点值得日本学习。另一方面就是教师素质，在20世纪六七十年代国际数学与科学评价项目（Trends in International Mathematics and Science Study，TIMSS）调查刚刚开始的时候，日本的教师很多都是大学毕业生，而美国和欧洲的教师还都是高中毕业水平。那时日本教师的素质可以说是世界最高水准的，而现在日本远远落后了。目前美国中小学教师70%以上都是研究生学历，高中校长则需要有博士学位。而日本中小学的教师获得研究生学位的只有3%左右，高中教师的研究生学历的比例也不超过10%。教师学历和素质上的差距比较大。

同时还要尽量克服考试主义和竞争主义带来的弊害，减少学力考试对教育教学的统治作用。据我了解，越是学力水平低的国家，考试越多。以美国为例，越是贫困的地区，国家的、州的各级考试总共不下七种，学生忙于应付考试不能进行真正的学习，因此这些地区的学生学力根本得不到提高。因此，应该改变评价社会（audit society）的现状，建立起对教师和学校的信赖关系。学生是否信赖教师，学生之间是否信赖，家长是否信赖教师，校长是否信赖教师，教育委员会是否信赖校长，建立这些信任关系非常重要。只有这些人之间相互信任，互相支持，共同追求教育的"质量"与"平等"，我们才能真正办好教育，培养出真正高素质的学生。

本文访谈者陈静静，首次发表于《全球教育展望》（2008.7）。

第二章

保障儿童的学习权

儿童的一百种语言，我们懂得吗？

"孩子是由一百种组成的。孩子有一百种语言，一百只手，一百个想法，一百种思考、游戏、说话的方式。一百种，总是一百种倾听、惊奇和爱的方式。一百种歌唱与了解的喜悦……孩子有一百种语言，（还多了一百种的百倍再百倍）。"[1] 这是意大利教育家罗里斯·马拉多奇所写的一首诗，这是写给孩子的，也是写给成人世界和学校的。这首诗为我们打开了一扇门，儿童世界的多彩与神奇就这样徐徐展开。或许我们都为人父母，我们也是教师，我们也曾经是孩子，但是不知道有多少人能够心怀敬畏地去看待那一个个小家伙的世界，认认真真地去倾听他们咿咿呀呀不甚清晰的话语，儿童的一百种语言，我们听懂了吗？

当我们成为一位新教师，第一次走上讲台的时候，看着一双双稚气的眼睛充满着对老师的信任，心中爱的暖流涌动全身。我们不禁暗下决心，一定要让这些可爱的孩子们健康、快乐地成长，我们要成为他们的朋友和伙伴。每一位新教师曾经都有过这样的经历吧，我们从孩子那里获得了成为教师的勇气和热情，也希望能够帮孩子们获得知识和才干。一个关于好教师和好孩子的故事即将上演。但是随着时间的推移，我们发现，原来教师的生活并不是简简单单的梦想照进现实，也不是浪漫唯美的情感喜剧。那些原本活泼可爱的孩子们，也开始不再那么可爱了，他们会在课堂上搞小动作、互相交头接耳讲话，任老师多么苦口婆心，他们还是我行我素。上课回答问题不积极，下课闯祸可是一点不含糊。考试成绩总是提不上去，他们却根本不将此放在心上。老师们看在眼里急在心上，却不知怎样来对

---

① [美]卡洛琳·爱德华兹等编著.儿童的一百种语言[M].罗雅芬等译.南京：南京师范大学出版社，2006.

付这些调皮捣蛋的小家伙。

开学分班的时候，相信很多老师都和我一样暗自祈祷：多几个听话懂事的孩子吧，千万别碰上小捣蛋。但孩子从来都不会只有一种，就如同没有两片完全相同的叶子一样。这些"问题行为"孩子常常把我们的教育梦想重新拖进了现实，有时候我们也因此对自己的能力产生质疑。为孩子苦恼、困惑、纠结，这就是教师工作本身所具有的属性，美国斯坦福大学教授内尔·诺丁斯（Nel Noddings）说："教育就是为别人的成长操心的事情。"这位抚育了 10 个儿女，并曾在杜威学校担任校长的诺丁斯，可以说是教育经验极为丰富的教师和母亲，她的话饱含着对教师工作的深切理解和同感。教师们之所以感到苦恼是因为对工作担负着责任，对孩子们寄予了希望，为自己的无能为力而自责。

此时，教育的困境考验着教师的专业能力，能够化解这些问题的教师将逐渐走向专业上的成熟，为此，他们看待儿童的视角也大为不同。概括起来，以下三种看待儿童的视角显示了教师的专业性。

一、多元的视角

它是指我们在看待儿童的时候要全面、客观地看到他们各个方面的特点。有的孩子学习成绩可能不太突出，但是很有爱心，关心班级和其他小伙伴；有的孩子虽然有些调皮却非常机灵，思考问题很深刻；还有些孩子虽然常常默不作声却心灵手巧，手工绘画有模有样。雕刻家罗丹的话掷地有声：世界上从来不缺少美，缺少的只是发现美的眼睛。思想家韩愈也叹息：千里马常有，而伯乐不常有。可以说每一个人都是平凡的，但每一个平凡的人都有独特之处。我们无需去感叹神童不多，只要以一双善于发现的眼睛去观察就会不禁惊叹：原来好孩子就在这里。

二、发展中的视角

我们要看到学生当下的表现是发展过程中的一个阶段。如果抱有这样的态度，就可以避免因为学生当下的表现不令人满意而对学生灰心，或者因为学生犯一次错就被贴上标签。特别是平时不太守纪律的学生更容易受到老师的关注，"又是你干的"这些批评的话语，"从平常的表现来看，这次肯定又是他"，这些轻易类推的语言最令学生受伤。如果批评错了，学生所受的伤害就更大。"老师为什么不相信我""有心改正也无济于事"，因为教师的不信任，很可能会令学生自暴自弃。与孩子密切接触的成人，不能以学生过去的经历来决定孩子的现在，而是要相信孩子成长的可能性和可塑性。孩子每天都在成长，这是一种动态的变化过程。

三、关系中的视角

所有人都生活在日常的关系中，每个学生都有着复杂的关系网络。如果不考虑出现问题的学生的生活背景、生长环境，就不能真正了解学生出现问题的原因。特别是，学校中的人际关系十分复杂。同伴集体中很小的事情也可能引发矛盾，这些问题得解决和缓和也需要在同伴关系中进行。因此，从学生周围的人际关系入手来解决问题是非常必要的。了解孩子，不仅要了解孩子本身，还要了解他的家庭关系、同伴关系等等，只有了解了这些才能更深入地理解孩子的行为，才能找到所有问题的症结。

如果能够真正从多元的、发展的、关系的角度来看待每一个孩子，那么帮助许多所谓的"问题儿童"就不再是难题，每一个孩子都可以成就一种精彩。要真正理解孩子，成为他们的良师益友，首先要完全接纳班级的每一个孩子，允许他们有缺点，但也要看到他们更多的闪光点，不轻易否定一个孩子，给他们更多被表扬的机会。其次是倾听和理解他们，成人在学识、阅历等方面都具有优势，所以常常自认为可以比孩子看得更远，因此容易具有一种居高临下的心态，这样的话就永远不能与孩子成为真正的朋友。相反，能够蹲下身来，仔细聆听孩子心声的人才能真正走近孩子，了解他们，只有这样，"教育时机"才会悄然降临。接纳与倾听，看似平常的字眼，却蕴含着对孩子无尽的关爱。如果说儿童有 100 种语言，请不要偷走 99 种，因为对孩子们来说，未来有 100 种世界等待他们去发掘。

本文作者陈静静

教师要"学会倾听"

一、教学的意义在于促进学生真正的学习

曾经与很多优秀的教师交流，他们对教学有着独到的见解，对教学内容和学生有丰富的认知，这让他们充满自信，在课堂这个舞台上叱咤风云、如鱼得水，熟练地扮演着各种令人崇拜的角色。从通常意义上看，他们正是成功教师、成功教学的典范。

但是，随着与这些优秀的教师交流的深入，我渐渐发现，他们内心也有很多困惑，例如"语文到底是为了培养学生的基本交流素养，还是培养未来的文学家？""教材学习是一回事，而考试又是另外一回事，对教材的学习是否真的有作用？"虽然每个人的问题表象不同，但往往都可以归结到同一个问题，那就是：教学的目的和意义到底是什么？

教师们日复一日、年复一年，奔走在课堂、办公室之间，为了什么呢？是认认真真地完成45分钟的工作量吗？是让学生能够流畅地背诵佳作名篇吗？是让学生能够正确地做出所有的题目吗？这些答案都有其价值和合理性，但只说出了其中一部分，那么教学的意义到底在哪里呢？

佐藤学给出的答案是，教学的意义在于促进学生真正的学习。那么，教师们一定要问：为了促进学生的学习，我在教学上应该作哪些努力呢？对此，佐藤学也提出了自己的见解，那就是"倾听"，倾听所有学生内心的声音，让教学成为学生话语的交响乐。

二、保障学生的学习权利

有人将教师比喻为向导、引路人，这说明了教师在教学中的重要地位和作用。但是，我们也有着相反的经验。例如，当我们打算去旅行的时候，有的人会选择跟团游，有的人会选择自由行。之所以选择跟团游，是因为跟团有向导，包吃包住，不用自己辛辛苦苦去探路，省去了很多麻烦。但是，有过几次跟团游的经验后，就会听到这样的抱怨：虽然去过很多地方，但总感觉没有玩到什么东西；虽然自己很省心，但好像没留下什么有价值的记忆。而选择自由行的人在出发之前要做大量的功课，但即便将地图、指南都翻烂，还是难免因道路不熟而走冤枉路，又或者因为风景太美而错过了下一个景点，甚至会因为没有找到合适的旅店而借宿在老乡家里。对他们来说，旅途就成为遇到问题、解决问题的过程。但是，虽然自由行费时费力，那些走过的风景、旅途中的趣事，都会被深深镌刻在记忆中，令人难以忘怀。这是因为旅途中的一切都是自己亲手操办的，所有的东西都曾经在自己的脑海里被来回权衡、思索，旅游不再只是看风景那么简单，而成为自己实实在在的经历。

教学和学习过程虽然不能简单地与旅行相提并论，但在本质上却有着异曲同工之处。"教学"一词，从字面上讲就是"教授学习"的意思，无论教师采用什么样的方法，其结果都是为了"学习"。那么，什么是学习呢？佐藤学先生认为，所谓"学习"，就是同客观世界的相遇与对话，同教室里的伙伴的相遇与对话，同自己的相遇与对话。佐藤学的"三位一体学习论"并没有明确地提出主语，但是从语境中我们能够明确地判断出，这个主语不是教师，而是学生。如果把教师比作向导，把学生比作旅游者的话，什么样的向导能够帮助旅游者获得最深刻的旅游体验呢？

作为教师，每个人都会有自己的选择。有人会全程控制，把景点、工具和车子都准备好，只等学生们沿着自己设计的轨道一路飞驰；有人会让学生们选择景点、自备器材、交通工具，探险前行，或者还有其他的选择。对于教师来说，可能每一种选择都是合理的，都有其利弊。但是对于学生来说，他们不同的学习过程和学习经历将留下不同的印记，所以，学生们对某些课总是津津乐道，而对另外一些课则很难有任何印象。对此，佐藤学的体会是：只有每位学生都成为学习的主人，才能进入真正的学习。他们每个人都是课堂的主人公，他们与教学内容、同伴的意见多次相遇，共同追求自由行般的境遇与对话。

佐藤学进一步强调：促进学习的教学才能够使学校成为学生共同学习、共同成长的场所，学生们才能从中享受到学习本身所带来的乐趣，他们的学习权利才能得到最大限度的保障。不言而喻，只有保障学生学习权的课堂教学才是最具有意义和价值的，它打开了学生记忆的闸门，学生听过、闻过、触摸过、联想过、思考过、惊喜过的东西令他们久久不能忘怀，成为他们今后学习的生长点，学生从中找到自己未来发展的可能性，才能在无限的学习过程中保持持久的快乐，这难道不是教学最大的功用吗？这难道不是一位教师最大的成功吗？

三、从尊重和信赖每一位学生开始

我曾经走过很多的课堂，嗅到不同的气息，虽然这些课堂各有各的精彩，但我还是不由自主地将它们放在一起进行对比。一类课堂是这样的：上课不到十分钟，你马上就可以分辨出教师眼中的“优等生”，这些学生往往思路清晰、词汇丰富，能够帮助教师解决难题，是教师的得力助手，他们往往压轴出场，对前面同学的答案进行更正，并在一片喝彩声中接近最标准的答案；另一类课堂则刚好相反：一节课下来，还是分不清到底谁是所谓的“优等生”，谁是所谓的“后进生”，学生们个个非常自信，密切合作，他们虽然见解不同，但是从教师的反应来看，似乎每一个答案都十分有意义。教师对所有学生的答案都给予积极的反馈，并且让其他学生注意每一个答案当中的精彩之处。虽然说，从专业的角度来讲，我应该“搁置”自己的“前见”，从中立的观点来看待这两类课堂，但我仍然忍不住为后一种课堂叫好。因为，在前一类课堂中，我看到的是少数优胜者与绝大部分失败者之间的角逐，而在后一种课堂中，我看到的是所有的人受到了公平的对待，他们平等地参与合作，在合作中实现了共赢。少数人的优胜和多数人的共赢相比，我想任何人都愿意选择后者。

那么，为什么后一种课堂能够实现多数儿童共赢呢？有的教师可能认为这个班的学生都成绩优异、思维活跃、自信心强、表达能力强，而自己学生的学情参差不齐，因此无法相提并论。但是，通过大量的探访和分析，我得出的结论是：合作共赢的课堂需要的是润泽而和谐的氛围，而这种氛围来源于教师对每一位学生的尊重和信任。这与佐藤学的观点可以互为印证。

佐藤学认为："尊重"和"信赖"可以说是一切学校改革的核心概念。学校中存在各种各样的难题，这些难题都是因为儿童之间、儿童与教师之间、教师与教师之间、教师与家长之间缺乏信任造成的。[①]有人说，即便在前一类课堂上，教师对待学生的态度也非常友好，在教学中不会迁怒于学生，教师认真地备课，努力地上课，这不也是尊重和信赖学生的表现吗？实际上，这是对尊重和信赖的误解。对学生的尊重和信赖，就是要相信他们的学习能力，相信他们能够作出进行学习的选择，能够克服学习中的困难，并通过自己的努力来获得学习的成功。还有就是，教师要公平地对待每一位学生，虽然他们的学习基础和经验背景大相径庭，但是他们都能通过自己的努力及与同伴的合作，超越原有的学习经验，获得属于自己的成功。即便他或她的答案还不完美，还不完整，甚至只是只言片语，但是他们的观点都是精彩的，他们在学习中都可以获得乐趣。这种对"所有孩子的成功"的期待是尊重和信赖每一位学生的最集中体现。

佐藤学曾经指出：对我们这些已经习惯了契约社会的人来说，往往只有在对方达到了自己的要求，或者对方具有回应自己要求的能力时，才会表现出尊重和信任。但是，如果本着这个原则，我们就难以对以"能"为基础挑战"不能"的儿童们产生尊重和信任。……只有摘下"能"与"不能"的有

---

① ［日］佐藤学著.教师的挑战［M］.钟启泉，陈静静译.上海：华东师范大学出版社，2012：85.

色眼镜，才能看到每位儿童挑战固有学习的情景，才能看到儿童无可比拟的、个性的经验和创造。这种个性化的学习和成长过程就是我们发现和给予每一位儿童的尊重和信任的过程。①而在现实的课堂上，我们距离"尊重和信赖每一位学生"的教学还有一定的差距，很多教师还在追求"好的教学"，他们将"好学生"的"好的发言"串联起来，而将其中不尽如人意的发言忽略不计。这些发言不过是"小插曲"，影响不了教学的"主旋律"。这样的课堂往往是直线式的，单纯而流畅，没有横生枝节，也没有不和谐音符，有的是正确答案的连锁，并最终得出一个正确的结论。但是，很多教师并没有注意到，这个正确结论的获得过程是以忽略很多同学的意见为代价的。这可能会造成一部分学生因为落后于他人而感到自卑和无趣，而另一部分学生因为对教师要讲的东西了如指掌而感到无趣。虽然同样是无趣，但是学生之间却出现了"优等生"与"后进生"的楚河汉界，个别学生成为课堂的主角，大部分学生不过是没有台词的群众演员甚至是道具。而事实上，在这样的教学中，并没有人获得学习上的真正成功：个别学生虽然得出了正确答案，但是这些所谓的答案都是他们已知的东西，他们并没有获得新的经验和知识，而且这些学生可能会因获得了教师的赞许而沾沾自喜，从而失去了深入学习的机会；大多数学生都成了毫无关系的"看客"，他们虽然有自己的观点和想法，但是由于不能符合教师的要求而不敢轻易说出口，这部分人逐渐淡出了教师的视线，也淡出了学习的领域，独自品味落后无助的苦涩。

对此，佐藤学深刻地认识到：教师的责任不是进行"好的教学"，而是要实现让所有学生拥有学习权利，尽可能提高所有学生的学习质量。真正优秀的教师往往将边缘化的学生作为课堂沟通的中心来对待。边缘化的学生包括那些在学科学习中有困难的学生，不能融入课堂教学的学生，难以参与课堂学习的学生，等等。但是，能够以边缘化的学生为中轴来组织教学的教师太少了，因为这需要教师对每一个学生的尊严有深切的体验和共鸣，对每一个学生的成长存有热切的期望。

---

① ［日］佐藤学著.教师的挑战［M］.钟启泉，陈静静译.上海：华东师范大学出版社，2012：85.

佐藤学通过自己 20 多年的课堂观摩经验总结出：在教学中是否能够形成合作学习，很大程度上（将近有七成）取决于能否尊重每一个儿童的尊严，而教师的经验与学习的理论、教学的技能不过占了三成的比例。①因此，只有尊重和信赖每一位学生的多样性和可能性，才能使学生们轻松自如地参与讨论，自由地交流和思考，这种自由的交流又有多样而丰富的串联。创造性的教师总是能够接受学生的多样性和教材的延展性。

四、从互相倾听走向和谐交响

在多人组成的课堂空间中，只有互相尊重、互相信任才能产生互相倾听的关系。"倾听"一词的本意是接收他人的语言，是一种被动的动作，但是这种"被动性"恰恰形成了一种非常特别的主动性。因为"倾听"代表了对对方观点的关注、同情、同感与共鸣，会使对方产生一种信任感和依赖感，因此良好的倾听可以拉近两人的距离。而且，通过倾听，一方能够在另一方观点的基础上去思考，从而将学习和合作引向更深的层次。因此，倾听是深入学习的必然途径。课堂上的倾听关系既包括教师与学生的互相倾听，也包括学生之间的互相倾听。而实际上，所有的教师都非常清楚这种互相倾听关系的构筑是多么的不易。

对此，佐藤学的看法是：在儿童中培育相互倾听关系的第一个要件就是教师自身悉心倾听每一个儿童的心声。要培育相互倾听关系，除了教师自身成为倾听者之外，别无他法。有的教师发牢骚说"我班上的学生一点也不想倾听"，这种老师不过是在无意间流露出自己是如何不听儿童的心声罢了。②教师首先要倾听学生，这对教师的要求其实是很高的。这需要教师谦逊地俯下身去，仔细地观察学生，从微妙的表情变化中，从喃喃的低语中，从细微的动作中读取学生对学习内容的兴趣、对学习的参与程

---

① ［日］佐藤学著.教师的挑战［M］.钟启泉，陈静静译.上海：华东师范大学出版社，2012：5.
② 同上：33.

度、对学习的理解程度等信息，并且根据学生的各种身心反应不断地调整自己的教学活动，而不是沿着自己预设的路线毫无顾忌地走下去。

佐藤学仔细观察过善于倾听的教师。他们多数会通过坐下来、俯下身等动作，降低自己的高度，在与学生平行的视线范围内来关注他们的动作和发言。在这个过程中，教师把自己看作学生中的一分子，以学生的身份和姿态来从旁认真地观察和倾听。善于倾听的教师在教学时从不会拖泥带水、语言冗长，相反，他们的话语经过高度的提炼和雕琢，没有一句无关紧要的话，他们把自己的作用发挥到极致的同时，将更多的时间和空间留给希望表达的学生们。这些教师不但语言简练，而且音调较低，让学生们感觉到一种柔和而润泽的氛围，因为声音过高会使学生产生强迫感和不适感。善于倾听的教师能够关注到每位学生的发言，完全接受每位学生的发言，并通过合适的方式将这些发言串联起来，使学生们不但感受到自己得到了应有的关注，而且还意识到：通过其他伙伴的发言，自己的回答得到了延伸。当每个人的发言都建立在其他人思考的基础上时，课堂上的观点就如同珍珠一样被串联起来，学生们通过同伴的思考和帮助，丰富了自己的经验和知识，深化了自己的思考，这样的课堂才真正成为每一位学生学习、成长的场所。

佐藤学一再强调："倾听"正是教学中教师活动的核心。"倾听"学生的发言意味着在如下三种关系之中接纳发言：一是认识该发言是课文中的哪些话语所触发的，二是认识该发言是其他学生的哪些发言所触发的，三是认识该发言同该学生自己先前的发言有着怎样的关联。

最为可贵的是，这些善于倾听的创造性教师往往不会去区分学生们发言或理解的好与坏，而是不折不扣地全盘接纳。只有以"每位学生的理解和心得都是无可替代的"的信念为前提，教师才会像采撷珍宝一样珍视每一个学生的发言，才能创造快乐教学的新天地。

教师对每一位学生的信任和倾听营造了润泽、融合而安全的言说环境，也在无意之中培养了学生之间互相信赖和倾听的关系。学生们不再拘泥于自己的观点，而是认真听取、思考和反刍别人的观点，并平等地参与交流和探究，他们不再只是强调自己观点的正确性，而是从同伴的观点中获取营养成分，滋养和丰富自己。佐藤学认为：那种固执己见、不肯倾听的语言是独白式的，而认真的倾听才能真正走向对话。如果没有经过倾听阶段，即便学生发言再怎么踊跃，他们的意识都没有发生变化，很难获得质的进步。这不仅阻碍了与他者、与自己的对话，而且也阻碍了与对象世界的对话。真正有效的发言往往是以"听了某某同学的意见后我想到"的方式来展开的，是以他人的语言为媒介生发出来的。每次发言都是在与他人的对话后形成的。其结果是，学生们思考的内容更加真实，他们获得了生动而丰富的经验，他们的认识获得了不同程度的超越。这样的课堂才能真正促进学生们的合作学习，才能真正实现学生话语的和谐交响。

本文作者陈静静，首次发表于《教师月刊》（2012.1）。

让学生体味学习的快乐

或许，在很多学生看来，"学习的快乐"是一句假话，学习实质上是书山题海，是"头悬梁，锥刺股"，是"两耳不闻窗外事，一心只能做作业"。为了学习，他们放弃了自己心爱的足球，牺牲了难得的休息日，取消了向往已久的旅游计划，挥手告别了一起长大的小伙伴。

或许，在很多大人看来，"学习的快乐"是一句空话，"考试都不及格还快乐得起来""现在快乐了，长大有你哭的时候"。老师们做梦都想学生们喜欢学习，教什么会什么，各科都考满分，人人考上清华、北大，但是多数老师一觉醒来，不得不面对现实，他们的梦想破灭了：面前的学生虽然各个新鲜喜人，但很多人课上走神瞌睡，课下不务正业，成绩不见起色。老师们不禁要问：现在的学生怎么了？

一、学习不再只是改变命运的工具

为什么现在的学生这么不热爱学习呢？这是很多成年人要问的问题。而且很多老师和家长往往对此非常不理解，遥想我们当年，那可是刻苦钻研、埋头苦读，从来不甘居人后，而现在的孩子怎么就没有这种上进心？

而作为教育者，我们也要从另一个方面来想一想，我们当年真的是从心底喜欢学习这件事情吗？我们真的喜欢所有的学科吗？在学习上我们没有表现出任何的脆弱和怯懦吗？可能事实并非如此。佐藤学曾经指出：在压缩式现代化的国家，经济的快速发展带给人们前所未有的升学就业机会。此时教育更多地起到过滤器的作用，教育带来了社会各阶层之间的流动，在学校中获得成功、在教育系统中排名靠前就可以改变原有的阶层，此时个人追求的是在人群中的排名，这种排名决定了日后所拥有的地位和资源。想想我们当年的刻苦努力中有几分是因为喜欢学习，有几分是为了改变原有的生活状态。"知识改变命运"的口号曾经响彻中国大地，多少人为了能够获得改变命运的机会而努力着，这里体现的不只是知识本身的魅力，更多的是在与命运作抗争。

而现在的学生，他们生长在经济快速增长的时期，他们中的很多人没有经历过贫穷，没有承受过苦难，有的是一家人体贴入微的关爱，有的是较高品质的生活。他们无需为了空洞的改变命运的口号去费神，他们不想再为家长的梦想而强迫自己，他们想做自己。"学习好才能考上大学找好工作"的逻辑在他们那里已经没那么奏效了，"不好好学习以后要受苦的"也只能是一种无效的恐吓。他们不再情愿按照我们制定的路线来走，而又迷茫找不到路，这着实令人担心。

学生们为什么体会不到学习的快乐呢？或许他不是最好的学生，老师从来没有关注过他，他是默默无闻的无名小卒，只能在自己的课桌下玩个小玩具，只有在电子游戏机前才能成为拥有绝世武功、受人尊敬的霸主；或许她就是一个普通的邻家小姑娘，老师说什么她都默默地点头，她从来不觉得自己重要；或许他就是所谓的刺儿头，上课不认真听讲，下课惹是生非，叫家长已经成了他的家常便饭；或许她是个笨孩子，一道简单的算术题都能成为她的拦路虎，平时倒是很努力，一到考试就"原形毕露"。这些学生可能并不是个案，而是我们班级中的大多数，虽然表现方式不同，但是归根结底，他们在学校里生活得战战兢兢，即便自己不愿意，但还是一步步地滑下去，成为所谓的"差生"。佐藤学称他们为学校教育的"不适应者"。

那么，所谓的好学生他们就真的快乐吗？他们其实也有自己的烦恼：无论走到哪里，迎接他们的除了嘘寒问暖就是做不完的奥数、背不完的英语、参加不完的竞赛，一旦有闪失就会被带上退步的帽子；好学生往往是被宠坏了的小王子（或小公主），他们或埋头于自己的事情，不与其他学生来往，或独占话语权和资源，不能忍受任何人挑战自己的权威。他们对上课所讲的内容早已了然于心，虽然心早已飞到九霄云外，但还要保持正襟危坐、认真听讲的好学生形象。如果是这样，他们似乎也体会不到什么乐趣。

二、学习不再只是"勉强"

为什么会出现这么多学校教育的"不适应者"呢？佐藤学对这个问题进行了长期的研究，并对学校教育的现状进行了全方位的分析，因而得出结论：因为在多数的学校教育中，儿童们是在"勉强"（べんきょう），专指学生学习训练），而不是在"学习"。"勉强"一词在日语里常常表示学生在校的正规学习，而这个词也来自汉语，最初也是"不情愿、被强迫"的意思。由于学校教育非常严格、保守，人们就用"勉强"来戏谑学校教育，但是令人不可思议的是，这个原来用来讽喻的词汇，最终却成为学习的代名词，其风头一度盖过"学习"本身。

佐藤学曾经深刻地分析过"勉强"和"学习"的差异。[①] 他指出："勉强"的第一个特征是它无需媒介的活动，是大脑细胞突触的联结，不必借助于任何身体活动，只需要在观念层面进行大脑突触的联结就可以实现。"勉强"是借助"座学"习得教科书的知识，"勉强"就如同柏拉图所比喻的"洞穴"，他把洞壁上的影子误认为现实，"座学"中习得教科书知识的儿童所学的不是现实世界活生生的知识，不过是把教科书和黑板上映出的知识的影子作为信息习得。而"学习"是借助工作的媒介性活动，是借助同他人的沟通的媒介性活动。

"勉强"的第二个特征是它是个人主义，学校中强调独立思考、独立完成，尽量避免个体之间的联系和沟通。而"学习"是以人际交往为基础形成的。"学习"是以基于人际沟通的模仿为基础形成的。"学习"即便是从个体出发又归结为个体，却是在个体与个体的碰撞中形成的。

"勉强"的第三个特征是知识和技能的"获得""继续"的活动，学生通过"勉强"获得教科书中所规定的、定论性的知识和技能，在"勉强"中靠考试来评价所获得所积蓄的知识、技能的程度。而"学习"是一种"表达""共享"知识和技能的活动。以多样的方式表达各自的理解方式，形成课堂中"彼

① ［日］佐藤学著．学习的快乐［M］．钟启泉译．北京：教育科学出版社，2004：18—19.

此切磋的共同体"。

通过对以上"勉强"和"学习"的比较，我们可以清楚地看到，我们的学校教育中还有"勉强"的痕迹。低年级的学生下课时生龙活虎，同学之间亲密无间，课上也比较活跃，乐于举手回答问题，也乐于问"为什么"。而随着年级的升高，学生越来越消沉、无力，无论上课、下课都是无精打采的，他们懒得搭理老师、同学，也懒得提学习上的事情，只有个别特别要好的朋友才会有一些交流。这个问题非常普遍，也很突出。有个初中老师兼任预备班（相当于小学六年级）和初三年级的课，当我问到这两个班的学生是否存在差异以及该如何应对时，老师无奈地对我说："这两个班的差异实在太大，预备班精力过剩，初三则有气无力。不瞒您说，我现在都快成了双重人格了。"两个年级之间学习氛围的差异可能不仅仅是因为他们处于不同的年龄阶段，还有一个重要的原因是他们对现有教育和学习方式的厌倦，他们只能通过瞌睡、不理睬、逃避这样无声的方式进行抗议。

也许有的老师会说："学校从来不就是这样的吗""我们要应试的，我们有什么办法""我都已经教得很清楚了，学生自己不学"。对此，我是非常理解的，毕竟我们都是做教师的人，我们面临的问题是一样的。但是如果我们从另外一个角度上去考虑的话也是成立的："学校就应该是这样的吗？""我们要应试就没办法了吗？""我教得很清楚，学生就真的明白了吗？"这是我们都要面对的课题，作为教育教学的专家，教师在这个课题中要承担的角色是至关重要的。如果我们敢于面对这个挑战的话，我们的学生、我们的学校可能都会发生极大的变化。而如果我们不想面对的话，我们也可以找到无数个理由，因为那也是合理的，这只是个人的意愿，当我们不想去"勉强"学生的时候，我们也没有任何理由去"勉强"教师。很多老师都说"教学是个良心活"，这说明两个问题：一是教学需要付出很多的心血，教师们工作得非常辛苦；二是说到底怎样进行教学，教师具有最重要的决定权。这种决定权是权利也是责任，我们所作出的决定将对几十个、几百个，甚至数以千万计的学生产生深刻的影响，我们的决定可能会影响他们的一生，所以作决定时一定是慎之又慎，而且我们随时可以改变自己的决定，因为我们都是为了学生。

三、学习是关心的、多维的"对话"

学习首先是一种"关心"（caring），而学校教育就是要培养学生的"关心"品质。这是美国学者内尔·诺丁斯的"关心教育理论"的重要内容，佐藤学教授对此极为推崇，而且将其完美地融入自己的教育理念中。"关心"一词在通用英文词典中的解释为：投注或全身心投入的状态，即在精神上有某种责任感，对某事或某人抱有担心和牵挂感。诺丁斯认为人的关心表现在两个方面：一是关心与责任感相似，认为自己要为某件事做点什么，就是关心这件事；二是对某个人的期待或关注，就是关心这个人。关心行为意味着要根据具体情境、具体人的情况来对其负责，保护其利益，促进其发展。而且关心行为要得到被关心者的接受，并且让被关心者可以作出自己的选择，只有这样才是合乎道德的。

而佐藤学将这种对自然界、对自己和对他人的"关心"品质引入学生的学习过程，提出了学习的对话性特征。对话不是指简单的语言交流，而是指教育过程中人、物等要素之间的平等关系，一种主观上的意愿、希望能够互相了解、合作，并共同去努力的过程，佐藤学眼中的教育就是这样的。

1.学习是一种与客体的对话

学生通过学习来认识客观世界，而这种认识首先来源于他们对周围世界的关心。他们关心这种事物，想要更多地了解它，想通过自己的努力来对它产生影响。儿童们曾经盯着树下的蚂蚁出神，他们想知道地下的泥土里蚂蚁的家到底是什么样的；他们曾经跑很远去找寻天边的彩虹，他们想知道彩虹的那一头是否是另一个世界；他们曾经亲手播下花种，浇水、施肥，等待它生根发芽，当第一株幼苗钻出土壤的时候，他们的喜悦难以言表。正因为他们能够通过自己的眼睛、双手和头脑认识到自然界的美妙神奇，才触发了他们对这个世界的关心，才使这种学习过程持续和深入。在教学过程中，我们手上的资源并不缺乏，我们该如何选择贴近学生的、鲜活的教学材料，触发他们灵感、激发他们好奇心的教学材料呢？从而使所谓的"客观世界"更多地以原生态的方式呈现在学生面前，而不是把切碎的、抽离过的符号留给他们。因为如果是那样的话，即使我们再苦口婆心，学生的眼睛还是会像定理一样空洞，他们的大脑将像白纸一样空白。

2. 学习是一种与他人的对话

学生通过与他人的交往和沟通，建立与他人的良好的关系，并从这种关系中了解他人、了解社会，从他人那里获得更多的知识、信息，借此深化和发展自己的认识。他们关心他人，希望了解他人的想法、需求，希望能够与他人合作，为了共同的目标而努力。儿童从出生就喜欢寻找玩伴，他们在游戏中了解规则，同伴是他们重要的榜样和学习对象，他们在与同伴的交往中认识自己，并且形成了对社会的最初认知。与同伴交往是儿童社会化和实现自我认知的重要过程，随着年龄的增长，这种对同伴的需求在不断增加，他们在同伴身上学到的东西也更加丰富。而在现在很多情况下，学生已经很少能够找到自己真正的伙伴，学生中往往表现出这样几种关系：一是一人独大、独占话语权，主要表现为成绩好的学生占据强势地位；二是互相竞争、势不两立，主要表现为好学生群体之间的竞争关系；三是成帮结伙、互相撑腰，主要表现为成绩较差学生的抱团取暖。这几种关系的产生很大程度上缘于学生之间、师生之间关系的不平等，多数学生缺少话语权，他们的意愿得不到更好地表达，而师生之间、所谓"好学生"与"差学生"之间的地位落差强化了这种不合理的关系。也许有人对此不以为意，而实际上这种不平等的、不合理的关系，限制了大多数学生的思维，使很多学生很早就了解到"我不是别人的对手""我是失败者"，这种思维上的自我束缚，使得原本可以在很多方面表现突出的学生被贴上了"差生"的标签，被投递到他并不想去的黑暗角落。而所谓的"好学生"也没有因此受益，他们学会的是他们是有特权的，他们可以不遵守规则，因为他们天生就是"天之骄子"，而当他们走入一个更大的社会圈子的时候，往往会因为承受不了来自更强对手的竞争而落败。要让学生们在学校中学会平等地对待他人，与他人建立良好的合作关系，一起向共同的课题发起挑战，并通过对话、互助、互惠的方式来寻找解决问题的路径。这样学生们在学习中遇到困难的时候，才不会孤立、无助，也不会因此而遭遇挫折，他们能够轻松地说出："哎，这个怎样理解？"其他学生会理解他们、帮助他们，并愿意伸出自己的援手。这个班级里没有"好学生"和"差学生"的区别，虽然每个人都有自己的特点、个性，而且学习成绩也有差异，但是在某种意义上，他们都应该是好学生。

3. 学习是一种与自己的对话

通过自我内在的对话，学生学习改造自己所拥有的意义关系，重构自己的内部经验。他们关心自己，悦纳自己，了解自己的特性，也了解自己的价值，同时通过主动反思来调整、丰富和发展自己，从而使自己更加接近自己心中所描绘的理想形象。但是在与学生的交谈中我们会发现，多数孩子的自我认知并不太理想。他们对自己的评价往往要低于他们的实际表现。他们不知道自己有多优秀，不知道自己有什么特点，不知道自己喜欢什么，也不知道老师是否喜欢自己。多数学生都觉得自己在班级中的地位并不重要，甚至可有可无。在这种状态下，学生没法与自己进行深刻的对话，他们不喜欢自己的现状，更多的学生是在羡慕他人或者崇拜教师，而这对学生来说并没有多少意义。佐藤学认为：教师是一种对话性他者的存在，所以能够实现远比同学更强的"脚手架"的作用。作为"对话性他者"的教师，能够充当至今尚在懵懂中的儿童的替角[①]，诱发和促进儿童的自我对话。如果我们能够接受和悦纳所有的学生，了解他们、喜欢他们，知道他们的想法，了解他们的需要，并且一直从旁关照的话，学生们会更加放松，并形成更加完美的自我认知，从而不自觉地发掘自己的潜能。

每个成功的人都曾经是一个普通的孩子，直到有一天他发现自己有过人之处。如果学生能够在学习中认识到自己的价值和能力，这种学习将是多么的伟大。在这一点上，作为教师，我们要做的事情还有很多。

本文作者陈静静，首次发表于《教师月刊》（2012.4）。

---

① 替角，即"补充性的代理"。

学生问题意识缺失的内源性分析

——对学校课程文化的反思

儿童从出生那天起，就用一双敏锐的眼睛观察这个世界，他们聪明而善于发现的小脑袋就会产生各种各样的问题，这些问题或许在成人看来已经司空见惯，但在儿童看来，它们那么新颖，那么有吸引力，儿童围绕着他们感兴趣的事物，不断地问着"为什么"，在他们那里，问题构成了世界，正是有了许许多多问题，他们不断得到关于自己、关于自然和关于社会的知识。问题构成了他们成长的环境，也成为他们认知发展的动力，此时儿童的求知欲望是无止境的，儿童在问题的世界中询问、探究，不知疲倦，乐在其中。儿童的智力和认知能力迅速增长，在几年的时间中，他们的知识量从零增长到惊人的数量。

但是不知从何时起，由儿童成长起来的学生开始对问题麻木了，开始对思考望而却步了。老师问"同学们还有什么问题"的时候，学生们面面相觑、不知所措。或许有的老师会因为学生没有疑问，而对自己的讲课效果沾沾自喜，但更多的人会因为许多学生们不能深入思考而惴惴不安。当然随着学生年龄的不断增长，学生的认知习惯开始由求诸外向求诸内转变，与向教师询问相比，他们更加愿意自己思考。但是事实上，这并不是问题的全部，因为多数人学生时代的经历表明，并不是学生将所有的问题内化了，通过自我探究的方式解决了，而是问题在学生的世界中逐渐被遮蔽了、掩藏了、消解了。他们对大千世界的好奇心、他们的探究欲望到哪里去了呢？这使我们不得不进行反思：什么样的课程、什么样的课堂让学生失去了问题意识？什么使他们在问题面前退缩？什么让他们原本灵活而善于思考的大脑锈蚀、迟钝？

学校的课程文化可以由以下几个层面构成：目标、内容、方法和评价方面所包含的文化因素。在真正的课程实施和课堂管理过程中，在这几方面，我们有约定俗成的看法，即以某一层次中的某一种性质取代了本层次的所有特点，并且将这个特点不断强化，最后就形成了课程文化的一种专制性的品质。课程文化的专制性品质对学生会有怎样的影响呢？

一、学生问题意识缺失的课程文化根源

1. 塑造与被塑造——成人文化的框定

在学校领导和教师的口中，我们常常可以听到这样的话——"我们要将学生塑造成某某样的人"。其基本逻辑是学校成为塑造者，通过课程来塑造他们所期望的学生，学生是被塑造者，他们原来各不相同，但是经过学校塑造的"高温高压"，变成了"铁水"，被传送带放进了同样的模子，经过压制和冷却变成了对社会有用的"铁块"。那么，那个模子是按照谁的尺寸、是谁设计定做的呢？在这里课程文化按照成人的思维方式和成人社会的游戏规则，制定了模具，他们挑选出多年来的经典文化和符合社会秩序的文化，认为只有经过沉淀的最优秀的文化才有资格成为学生学习的内容，学生经过这样的文化熏染，就能将这样的文化传承下去，已有的社会秩序和思维方式也得以流传。课程文化的选择和制定者将儿童和学生看作单纯的学习者，他们要学习的是过去的经验和文化，其学习方式就是通过成年人的灌输，使学生对原有的文化进行默记和模仿，至于学生自身的经验和文化是不值得关注的，学生的自主文化创造显得那样微不足道，以至于可以被忽略不计。因此，这样的课程文化被"他者文化"所充斥，学生是文化传承中一个小小的链条，他们成为被灌输的别无选择的文化客体，他们距离自身的文化、距离主体性文化、距离生活世界越来越远。

这种文化当然不是儿童的文化，而是成人的文化，是成人社会的游戏规则。其逻辑起点是：儿童是不成熟的，他们所创造的文化对文化的产生和发展没有贡献，因此学生到了课堂上，就不能做一株普通的小树，需要教师这

个园丁进行全力的修剪，才能成为有用之才，实际上这就是用成人的文化对学生进行塑造，让儿童按照成人的思考方式和行为方式去做，如斯宾塞所言，学生是在为未来的生活作准备。当一些学生斗胆表达了自己的想法，提出了问题，成人根据自己的文化标准进行测算，能够纳入成人文化体系的问题，可能给予一定的回馈，而在成人看来，没有意义的问题则被一笑置之，或者被不耐烦地回答"这样简单的问题还用问我？"于是儿童在完全成人化的课程中，逐渐学会了掩盖原来的自己，掩盖自己的想法，因为这样的想法在成人的思考中显得那样稚嫩，那样没有说服力，那样没有文化层次，他们逐渐不能够确定哪些问题是成人感兴趣的问题，哪些问题提出的时候可以得到成人的赞赏，而哪些问题会被成人认为是愚蠢可笑的，可能受到成人的耻笑与批评，因此他们宁愿将自己的问题掩藏起来，以免受到外界的评价，特别是消极的评价。这种提问和反馈的过程重复几个回合以后，学生逐渐摸索到了成人原来并不喜欢被诘问，也不喜欢自己提出不同的意见，只要等待他们给予的答案就是最妥当的了。当学生用成人文化的方式来思考和做事情的时候，这样的活动受到了鼓励和强化，儿童的本性——对问题、对探究的迷恋——逐渐减退。

2. 以教科书为准——对不确定性的恐惧

在课堂上，我们能发现很多有趣的事情。当学生对同一问题有不同看法时，教师自然成了学生心目中的裁判与法官。教师也从来不辱使命，能够找出非常权威的法典，为自己的判决作支撑，那就是："不要争了，以教科书为准。"教科书在老师心中，在学生心中的作用是那样的权威和难以替代，教科书是万能的，它能解决教师和学生存在的任何疑问，这就形成了两种结论：凡是教科书上的就是对的，凡是教科书上没有涉及的就是没有意义的，不值得再争论下去、再思考下去了。教科书中的知识是法理知识，它奠定了课程的逻辑基础，由于在课程中教师不断地对其进行强化，教科书从教学的辅助材料走到了中心位置，而且还带上了神圣的光环，成为客观、正确、无疑问的代表。用布迪厄（Pierre Bourdieu）的话说："真正意义上的知识秩序，由于取决于特殊类型的合法性……知识生活在整个中世纪，……都是由外在的合法化权威决定的。"① 于是课程成了"教科书"的同义词，学生对教科书深信不疑，将其当作经典去背诵、去消化，遇到问题的时候就自觉地到教科书中去寻找答案，如果自己的想法与教科书不相符，只能说明自己还不够聪明、智慧，教科书中给出的标准答案才是完美的。如果在教科书上并没有找到相应的问题，只能说明自己想得太多，在一些不值得思考的问题上浪费时间。在此过程中，学生也逐渐发现，这种"以教科书为准"的方法还是有很多好处的：可以得到完全正确的答案，可以得到老师的认可和同学的赞许，还可以在考试中得到好成绩。自己冥思苦想，不能得到完美的答案，还伤神费力，真的是得不偿失。于是自我思考的兴趣和冲动逐渐被教科书的理性与逻辑所战胜，学生在课堂中找不到自己了，没有自己的想法了，开始怀疑自己的想法，开始向教科书顶礼膜拜了。学生成了玛丽·杜莉－柏拉笔下的"驼背人"，他们在教科书的学习上成为"苦力"，特点是终日埋头于几乎没有把握的学习活动中②，由于学生的学习没有经过自己的思考，所以他们在认知活动中就开始表现出倦怠，渴睡的、疲惫的和无奈的眼神随着年级的增长而不断增加，他们的学习热情也不断减退，他们想知道的只有正确答案。到了大学，很多学生更是除了"考什么"之外，对其他都不感兴趣。

3. 考分最说明问题——对外界评价的遵从

在期末总结课上，班主任老师常常是这样鼓励学生的："咱们班的平均分全年级第一，大家学习很有干劲儿，老师很高兴。"毕竟对于学生来说，考分最说明问题。

考试在课堂中所处的地位是得天独厚的，因为作为评价标准，考试关

---

① ［英］麦克·F. D. 扬（Michael F. D.Young）主编. 知识与控制［M］. 谢维和，朱旭东译. 上海：华东师范大学出版社，2002：199.
② ［法］玛丽·杜莉－柏拉、阿涅斯·冯·让丹著. 学校社会学（第 2 版）［M］. 汪凌译. 上海：华东师范大学出版社，2001：194.

系到"要学生学什么、怎么学的问题",涉及"哪些是有价值的文化""哪些没有价值",而且还界定出"哪些儿童是优秀的""哪些是资质低下的"。这一评价标准将关系到儿童和家长的前途和命运,关系到教师的威望和待遇,因此任何人,包括儿童、教师、家长都不能怠慢。他们在拼命地向这个标准朝拜、向这个标准靠近。课程评价——考试,常常在这种威严和神圣的氛围中诞生,留给学生许多心悸的回忆,让学生了解了自己是优秀生还是差生;让教师更加明确自己的责任,在一次次考试经验的积累中,他们知道了哪些文化更有价值,哪些学习方法对考试更加有效。在当代教育的内在观念中,也有一种非常有趣但不是完全偶然的看法,即"如果你不能考核它,它就不值得知道"①。儿童们尤其在构成为微型社会体制的课堂上,发现了一个比家更加漠然、更加功利、更加可以操纵的社会空间。② 在激烈的考试竞争压力下,学生们已经没有时间体味名家作品中那些让人心灵感动的意境,没有时间了解数学王国的神奇魅力,他们久违于儿时的百草园,许久没有体会到游戏的欢乐和学习的乐趣。他们按照老师规定的教学大纲和考试重点,背诵、计算、再背诵、再计算,周而复始,在课程给出的漫长跑道上,艰难地跋涉。

在各种压力的作用下,学生逐渐将对学习的兴趣、对问题探究的兴趣转移到提高分数上来,因为无论平时的学习状态如何,对问题的思考是否深入,这些根本不是主要矛盾,学会将有限的学习资源和学习时间用于提高自己的学习效率才是王道。为了能背熟公式,记牢单词,就要下苦功夫,哪有时间去思考什么问题,要先将成绩搞好,才能成为好学生,思考的事情就留给老师吧,留给科学家吧,留给那些有时间去思考的人吧。与发现问题相比,学生在高分中得到的正向反馈要远远胜出,于是思考逐渐让位于记忆、让位于计算、让位于考试分数。学生在繁忙的学习和考试中,丧失了学习最原始的

---

① [英]麦克·F. D. 扬主编. 知识与控制[M]. 谢维和,朱旭东译. 上海:华东师范大学出版社,2002:47.
② [法]玛丽·杜莉-柏拉、阿涅斯·冯·让丹著. 学校社会学(第2版)[M]. 汪凌译. 上海:华东师范大学出版社,2001:195.

动机，也消减了对未知世界的渴望与神往。

二、学生问题意识缺失的逻辑推断

1. 遮蔽了真正的课程文化主体

专制性课程文化的逻辑起点是社会的文化是合法文化，这种文化取得了优势和特权，可以而且必须在课程中占有统治地位。这种文化是规则性和框架性的，课程文化中的其他因素只能在这个文化中扮演被塑造、被约束的角色。这种被神圣化了的社会文化，具有发放信号的能力，而个人只能在其中学习和接受有意义的信号，扮演着其他角色，在"角色扮演"的实践中，从"一般性的他人"的反应中，逐渐形成了关于自身的一般概念，并且逐渐地将自己作为客体来对待。实际上，在课堂中教师和学生才是真正的主体，他们有自己的经验和思想，他们有主动学习和创造的潜力和能力。而在专制性的课程文化中，他们只是社会文化的继承者，也没有自己的话语权，他们被社会性的、法理性的文化所主宰，在不自治的情况下，慢慢地走向了文化的边缘地位，师生的身影虽然占据着课堂的空间，但是他们其实没有真正的课程权力，他们也没有办法将自己的经验和想法纳入合理的课程内容当中，他们能够反映的只是社会文化的期望，而不是自身的意志；他们只是社会规则的遵循者，而不是制定者。在与强大的社会文化的交锋中，个人失去了反击的能力，被彻底打败，压在课程文化的谷底，真正的课程文化的主体却没有发言权，他们的经验与智慧被抹杀了，出现了布迪厄所说的"文化的集体无意识"现象。

2. 否认了课程文化主体之间的平等关系

课程文化的主体——教师与学生之间的关系也处在课程文化的层级当中，虽然他们在专制性课程文化中都处于较低的地位，但是他们之间的关系仍然具有明显的不平等性。这种不平等主要是由课程文化的专制性所造成的，教师的个人经验虽然也被忽略，但是教师被赋予了新的角色，成为社会性和法理性文化的代言人，这些文化对他们的影响更大，被他们内化得更深刻，他们掌握了社会和文化规则，并自觉不自觉地从社会的、法理性文化的立场出发，通过传授显性的教材知识或者传达隐性的缄默知识，将社会文化的思维方式、逻辑形式、文化表达传递给学生。在专制性课程文化中，教师个体在面对学生群体时，往往将学生看作是受众，学生们只是他的忠实听众，个体学生的喜怒哀乐在这个庞大群体中逐渐式微，教师在对学生"传道、授业、解惑"的过程中，体会到了自身的伟大，自我主体性认知不断膨胀，学生则愈加渺小，师生之间呈现出了一种"我与他"的关系。学生群体虽然人数众多，但他们并没有取得合法的话语权。在专制性的课程文化中，学生的主体地位再次受到倾轧，他们的精彩观念，常常被看作是"恶作剧"或者"扰乱课堂秩序"，学生们更像斯金纳心理学试验中的小白鼠，在文化的迷宫中寻找出路，幸运的是他们不需要自己去寻找，只要根据教师的领导便可找到出口，并一次一次地强化和训练就可以了，但不幸的同样是这一点，因为无论他们最后以多快的速度找到出口，他们必定是在别人垒砌的迷宫中行走，毕竟他们只是小白鼠。

3. 忽视了学生对课程文化的创造

专制性课程文化的另一个重要逻辑起点是：现有社会文化是完备的、完美的，因此最有资格成为课程的主宰者，而课堂中的人也总是教师与学生，这种文化的接受者也是固定的，因此这种完美的文化，只要通过某种传输、记忆、模仿和强化，就可以完整地传承下去，课程的使命也就完成了。之所以要选择经典文化，之所以要采用自上而下灌输的方式，不都是出于这种考虑吗？但事实是否果真如此呢？我们只要仔细分析一下便可发现，这种思路可谓漏洞百出。

首先，任何文化都处在不断的发展和进化当中，自命不凡、自诩为经典的文化，不过是固步自封。文化的形成过程，我们可以用皮亚杰的图示理论来解释，文化本身具有一定的图示，在外界信息的刺激下，一部分符合原来文化的信息被同化到原来的文化图示当中去，而另一部分不符合原来文化的信息，也并不会浪费，文化图示会调整自身的状态，顺应新信息形态的需要，在同化和顺应的过程中，文化得到了进步和发展。与文化的这种包容性和流变性相对，专制性的课程文化采用非常威严的态度，无视社会文化的发展，将一种确定的社会规则以知识和技能的形式固定下来，任你风吹浪打，我自岿然不动。专制性的课程文化"固若金汤"，反对其他因素的入侵。

其次，教师与学生也是不断变化的，随着社会的发展，他们的生活环境、外界的信息刺激都在发生着急剧的变化，而课程能够提供给他们的却是陈旧、固定的材料，他们的探究愿望和创造欲求得不到满足，他们感到了自我的渺小和无奈，于是学生可选择的道路一般只有两条：要么压抑自己，顺应专制性的文化；要么逃离这种文化的束缚，寻找别的空间去发挥自己的创造性，这样就形成了课程中——"驼背的人"与"嬉皮笑脸的人"——这两种普遍性的课程文化之怪现状。

三、学生问题意识的追寻

专制性文化隐喻对课程文化场域有着深远的影响，在这样的课程文化环境中，人们在他者的规定性的世界中求得生存，其结果就是忽略自身的存在性和主体性。他们对所灌输的文化和课程的一味接受，使其思考和反思能力不断地被剥夺。学生开始害怕反思，害怕自由，他们宁愿在不需要思考的环境中等待答案，沉默的课堂、没有问题的"成问题"课堂越来越多，这样的课程培养的人只能逐渐走向平庸，缺乏批判和反思的勇气和能力。教师没有受到任何质疑，他们在这个固定的模式下，越来越心安理得，由于经验丰富，他们对课程范围的圈定越发狭窄，他们认为无价值的知识、不会列入考试范围的知识将被统统剔除，使课程内容更加纯净，然而这样的提纯形成的课程"营养不良"，学生承受着文化的"饥馑"之苦。人类学家玛格丽特（Margaret Mead）认为，这种文化一出现就可以断定它不过是一种幼稚的文化，她将这种"未来重复过去"型的文化叫作"后象征文化"（Post figurative），出于这种文化场域的人们的生活方式是不可改变的，永远如此，每一代儿童都不能走样地复制文化形式。[①] 专制的课程文化必将让人走向同质与平庸，影响整个文化的发展进程。因此我们应该尽可能改变这种文化环境。通过各方面的努力，使课程文化形成新的生长点，让新一代的课程文化走向丰富性、走向对话性、走向创生性。

1.课程文化的丰富性

由于课程文化被严格预设，课程文化的来源不断缩小。学生所得到的不过是简化、概念化、抽象的成人社会的间接经验，并且形成了"唯书""唯上"的课程传统。其实课程文化的内涵应该是丰富的，不但包括文本课程，还包括非文本课程；不但包括成人世界的间接经验，也应该包括儿童世界的直接经验；不但包括学术世界的知识，还包括生活世界的知识。在课程的隐喻中，我们常常忽略了非文本、儿童，也忽略了生活世界。其实教育即生长，教育即生活，儿童的成长需要一定的条件，这些条件就是儿童的交际、探究、制作和艺术的兴趣和本能，这些兴趣和本能的自然展现就是儿童的生活。[②] 儿童的生活世界应该是丰富的，这个丰富的、个性化的场域中包含了大量的与儿童相关的知识和经验，这是他们需要了解的，也是意识到自身的存在和价值的重要途径。倘若人们在童年时期接受的是被认为理所当然的文化教育，而他们与其他文化成员的接触又甚少、并充满敌意或鲜明对比，则他们的深刻的认同意识就似乎是无法改变的[③]。但是这种深刻的认同并非是对美好和幸福的认同，更多的是对专制和服从的认同。这是我们作为教育者所不愿意看到的。

2.课程文化的对话性

课程文化的专制性隐喻，只需要教师的独白，只需要教科书的呈现，可能根本不需要学生的出现，因此也就没有了对话的前提条件。即使学生们得

---

① [美]玛格丽特·米德著.代沟[M].曾胡译.北京：光明日报出版社.1988：20—22.

② [美]杜威著.杜威教育论著选[M].王承旭等译.上海：华东师范大学出版社，1981：75.

③ [美]玛格丽特·米德著.代沟[M].曾胡译.北京：光明日报出版社，1988：37.

到了所谓的讲话机会，也不是真正意义上的对话，而是对教师提问的回答。在课程中最一般的对话单位是"教师主导的提问与提示""学生的应答""教师的评价"，可以用完结的封闭的单位——"IRE"结构——来表达。这种连续的循环是课堂对话的极其显著的特征。^① 在这样的 IRE 结构中，教师和学生存在明显的地位差异，他们之间是教育者和被教育者的关系，他们的对话不过是对教师灌输教学方式的一种补充和认同。

哈贝马斯（Juergen Habermas）认为：对参与者来说，话语必须被认为是真实的，必须被认为是真诚的。而对话真实与真诚的前提条件就是教师与学生之间人格尊严的平等。当课程文化的内容得以丰富，学生的经验被纳入到课程中时，那么教师不是唯一的文化来源，他也成为一个学习者，教师和学生之间形成一种"互喻文化"。课程文化在对话中产生新的意义，形成新的思考，激发出智慧和生命的力量。只有通过交流，人的生活才具有意义。只有通过学生思考的真实性，才能证实教师思考的真实性。教师不能替学生思考，也不能把自己的思考强加给学生。真正的思考，即是对现实的思考，不是发生在孤立的象牙塔中，而只能通过交流才能产生。^②教师与学生进行对话的基础是他们在人格上的平等，师生之间的关系并非主客体之间的关系，他们都是课程文化的真正主体，他们之间的关系是主体间的关系，他们在相互的交往中进行对话，这种对话是具有建设性的，不是灌输，而是在共同文化基础上的一种协商，只有这样的对话才是真正的对话，这样的对话逼近了教育的本真特性，否则只能叫作训练或规制。

3. 课程文化的创生性

多年来人们对文化的传递性特点的强调，甚至使人们遗忘了文化的另一个本性——创生性。文化在不断地被批判、反思和质疑的过程中，不断地引入新的思维方式、新的行为模式以及新的物质形式，课程文化也理应如此，

① ［日］佐藤学著.课程与教师［M］.钟启泉译.北京：教育科学出版社，2003：109.

② ［巴］保罗·佛莱雷著.被压迫者的教育学［M］.顾建新等译.上海：华东师范大学出版社，2001：28—29.

在课程文化保持相对的开放性和平等性的同时，课程文化的创生性就会日趋明显。这种创生性的主要表现形式就是学生的批判和思考能力的生成。英国学者巴罗（Barrow）认为："我们在对我们的年轻人进行社会化时不让他们变得毫无批判能力是十分重要的。相反地虽然我们传递文化传统，并且开始使他们初步了解社会的一切方式和信念，但我们需要培养他们以一种批判、理性的和自主的方式进行独立思考的能力。给人以信念与教育人之间有所不同。给人以信念包括向人注输为免遭批评而设计的种种论点（这种注输等于有的人会称作灌输的那样做法）；而教育的含义则是，以人的心智既倾向于又能够对文化传承过程中所提供的一切信念和假设作出理性反思这样一种方式，去培养人的心智。"①人的思想是世界上最美的花朵，当课程把思考能力还给学生的时候，学生活跃的思维就会开出更多的思想之花。而且以一棵树撼动另一棵树，一片云触动另一片云，当这种创造性环境被创造出来的时候，我们就会惊喜地发现学生的创造力是如此的丰富，他们的世界是如此广阔，在这个广阔的空间中，教师是与学生合作共同探索和追求的同行者，他们相互交流经验，享受思考的快乐。如果环境允许，没有人拒绝自由，也没有人拒绝思考。在批判、思考和引进的过程中，课程文化场域中的人们得以自由，更重要的是作为文化主体的学生，在民主的课程文化中，懂得了珍惜自己的观念和经验，他们了解到了自己作为文化创造者的神圣地位，他们不会那么轻易地贬低自己，也不再愿意在课堂上保持沉默。这样思路开阔的、思维活跃的、敢于表达自己的学生群体，是值得我们珍视的宝贵文化火种。文化如果成为一种固体，就失去了发展的动力和能力，只有燃成火，才能照亮学生，同时也照亮文化自身的发展道路。

本文作者陈静静、姜美玲，首次发表于《全球教育展望》（2013.11），并被人大复印资料《中小学教育》（2014.3）全文转载。

---

① ［英］罗宾·圣克莱尔·巴罗.文化繁衍与教育［J］.黄向阳译.华东师范大学学报（教育科学版），1996（1）：21—28.

第三章

协作共赢的课堂

佐藤学的"创造性课堂"

佐藤学经过 20 多年的课堂之旅，走进过 1000 多间教室，他经历过学校风雨飘摇的学级崩溃和"学习共同体"中的学校再生，也经历过 1000 多所学校改革失败的惨痛教训，这些经历使他对教学形成了丰富的认知，也形成了独特的课堂观。"创造性课堂"是他极力推崇的课堂生态。他认为，课堂教学就是一种创造性的实践，是通过教师的帮助使学生从已知世界走向未知世界的旅程，这种创造性的实践的内涵极为丰富，我们可以通过下面几个关键词来管中窥豹，描摹一下佐藤学眼中创造性课堂的风景。

一、安心学习

众所周知，佐藤学是一位教育改革者，他在日本以及亚洲很多国家推动了"宁静的革命"。但很多人可能不知道，无数次失败的改革曾经让他痛彻心扉，也使他深刻地领悟到学校、课堂的改变是如此艰难。这些失败让他清楚地意识到，学校的改革要依靠所有平凡的教师们，依靠他们对自己教学的精雕细琢，同时也使他更加明白，学生不是课堂的客人，而是改革的"主角"。即便是最出色的教师，也不可能仅凭一己之力保障每个学生的学习权。而学校改革的唯一目的就是保障所有学生的学习权，亦即使学校、课堂成为学生安心学习的场所，让他们在课堂中体会到自己的存在，以第一人称来表达自己的观点，让他们没有外在压力地专注于学习，用自己的双脚站立于教室中，用自己的步调去学习，用自己最自然的状态从教师或同伴那里获得帮助，从而获得学习本身所带来的快乐和满足。

可能有人会认为，让学生安下心来学习是再平常不过的一件事情。但是事实可能并非如此。不知您是否看到过课堂上厚厚的镜片背后那双紧张而惊恐的眼睛？是否注意过那个忙于记笔记却根本不知教师在讲什么的女孩子？是否留意到在您苦口婆心地讲解时，男孩子的眼睛已经在追逐外面的蝴蝶？是否知道那个不住点头、对您微笑的孩子其实一点都没懂？而这样的人却是班上 30 多名学生中的绝大多数。我曾经跟佐藤学学习课堂录像，当我把课堂录像递给授课教师看的时候，他们常常大吃一惊。我当时给老师提的问题很简单："您认为有多少学生真正投入到学习中去了？"此时，他们在惊愕之余都丧失了以往的自信："三分之二？三分之一？不，可能会更少。"我相信，任何教师在得出这样的结论时都会感到难过，他们为了上好课付出了那么多，而多数学生的心思似乎都没有在学习上。但是这却是再普通不过的课堂场景，每天都在学校中上演着——学生们在学习中迷失了，困惑了，逃避了。

实际上，当时日本学校所面对的情况比我们现在面临的更加糟糕。班级崩溃、校园暴力、学生大量逃学等现象曾经让学校摇摇欲坠。作为一位教育学者，佐藤学先生对这种情况痛心疾首。为此，他走访了许多国家，去寻找理想的学校的原型。当他拜访了芝加哥的杜威学校旧址后，他对杜威所界定的学校概念——"雏形的社会"有了更深的认识。

佐藤学在那里看到了完全不同的学校景象：色彩鲜艳的窗帘和用展品装饰的教室，灵活安排的实践空间，丰富的教材，悠然自得、专心致志学习的儿童，以及帮助学生学习和成长的教师。他由衷地感叹道：当我伫立在那儿，我想到了这样一幅图景，这些学校的原型脱胎于"家庭"，以家庭的时间与空间为起点，在这里积累经验后，扩大到"社区"，再扩大到"社会"。[①]学校应该是介乎于家庭和社会之间的组织，应该是充满着人文关怀的、色彩丰富的、学生自由而自然的，人与人之间是一种互相支持和协作的、家庭式的"安居"空间，学生们将学校看作自己的第二个家，他们是这个家的主人，是这个家的一分子，他们有想法可以自由地表达，声音可以得到倾听，优点和缺点可以被所有的家庭成员接受，他们喜欢自己的家人，家人也喜欢他们，这是学校和课堂最本真的状态。在佐藤学先生看来，只有这种安心感和稳定感能够

---

① ［日］佐藤学著.课程与教师［M］.钟启泉译.北京：教育科学出版社，2003：81.

带领学生走向本质的学习。

佐藤学希望学校的建筑和班级的布置能够给学生们以安定、温馨的感觉，充满人文关怀、象征意义和探究气息，而不是生硬的、灰暗的空间。他推崇进步主义学校的建筑风格，提倡那种没有"学校的气味"的配置和装饰，不存在与社区隔绝的校门和围墙，学生生活向周边的社区生活开放。学校贯通生活、劳动、游戏、体验，是使儿童得以学习成长的场所。学校通过日常生活及与周边社会关系的沟通，获得促进儿童学习和成长的自然力量。

虽然目前亚洲的绝大多数学校都不是这种风格，但是他认为教师可以通过各种柔性的装饰和布置创造出这种润泽而充满舒适感的空间环境，让学生们的心安静下来，找到日常生活中的自己，从而在学习中也找到自己的位置。学校生活本身应当成为师生一起"学习""休息""交流"的场所，亦即扎根于日常生活的文化享受与改造的场所。学校的再生之道只能是恢复学校在现代化过程中业已丧失的东西——让学生领悟学习之甘苦。[①]这种安定和安心感不但体现在为学生创设舒适的生活空间，而且还要为他们创造润泽的、柔和的、自然的课堂气氛。在这样的课堂里，学生处于自己原本的状态，不用紧张，无需伪装，只要以自己的步调自然而然地参与其中即可。

佐藤学曾经区分过两类课程：一类是"阶梯型"课程，以"目标—成就—评价"的方式来组织课程，学习者一旦一脚蹬空就会掉队；一类是"登山型"课程，以大的主题（山）为中心，准备好若干学习的途径（登山路线），以"主题—经验—表达"的方式来组织课程。[②]在"阶梯型"课程中，目标的达成被视为学习的价值所在。而在佐藤学所推崇的"登山型"课程中，学习的价值在于登山本身的体验及感受到的快乐。在"登山型"课程中，学生能够选择自己的道路，以自己的方法、自己的速度登山，随着一步步的攀登，视野开阔，其趣无穷。即便攀登不到顶峰，也可以享受攀登的过程。教师作为队长，带着自己班上所有的学生进行登山之旅，每个学生的步调有快有慢，走的是

---

① ［日］佐藤学著. 课程与教师［M］. 钟启泉译. 北京：教育科学出版社，2003：83.

② 同上：121.

不同的路线，教师要关照所有队员的进展情况，不断地给他们加油鼓劲，并帮助那些迷路的队员进行调整。每个队员的目标都是不同的，每个队员都通过自己的努力逐渐接近自己所设定的目标，并且在登山的过程中观赏到了与别人不同的风景。当他们返回营地的时候，能够轻松而愉快地向队友们讲述他们在途中的见闻，描绘路过的风景，抒发自己内心的感动，其他的人都为这个伙伴独特的经历发出由衷的赞叹，而教师则把所有学生鲜活的经验和述说串联起来，让学生在与伙伴的交流中收获和成长。在这样的教室里，每个儿童都拥有安心感和期待感，因为任何一个提问或是发言都会得到大家的接纳和响应。

二、互惠合作

"合作学习"是佐藤学倡导的"学习共同体"的核心理念之一。他发现，从 20 世纪 70 年代开始，一场学习的革命正在静悄悄地展开，欧美的所有学校都在摒弃那种学生整整齐齐地排列，教师站在中间，按照教材来组织教学的方式，取而代之的是学生自主的、合作的、探究式的学习，学习材料丰富而多样，学生可以根据需要从中进行选择，而教师则变成了学习的设计者和主持人。就连最为保守的法国也开始逐渐接受合作学习，近年来亚洲的许多国家如日本、韩国、新加坡以及中国的很多课堂都在进行合作学习的探索。

为什么合作学习受到了如此热烈的关注和响应呢？与同步学习进行一下对比，我们就可以看出端倪。同步学习强调的是教师对知识的绝对确认和主导，认为教师可以通过各种方式将知识传递给学生，教师传递得越多，学生的收获就越大。而合作学习首先强调学生自身的经验、学习能力以及对学习的选择权。只有经过学生自己的大脑思考和动手操作，知识和能力才能被真正习得。同时，合作学习还强调学生之间的互助和互惠。学生必须借助一定的支撑来学习新的东西，这种外力不应该首先来自教师，而应该来自同伴。因为同伴也是新知识的学习者，他们了解新知识的不同方面，同伴之间在知识、思维等方面的差异使新的学习成为可能。合作学习崇尚多样化，因为多样化而丰富，因为多样化而互惠，因为多样化而拓展，这样的学习才能使更多的学生成长，才能使学生得到各方面的成长。

佐藤学认为，没有"合作学习"，每个人的学习就不能成立；要提高每一个人的学习能力，"合作学习"不可或缺。我们通过同他人的合作，同多样思想的碰撞，实现同客体（教材）的新的相遇与对话，从而产生并雕琢自己的思想。从这个意义上说，学习原本就是合作性的，原本就是基于同他人合作的"冲突与挑战的学习"。业已懂得、理解的东西即便滚瓜烂熟，也不能称为"学习"。学习是从既知世界出发，探究未知世界之旅，是超越既有经验和能力，形成新的经验与能力的一种挑战。[①] 那么合作学习如何形成？是所谓的优等生教其他学生，在班级里培养几个小老师来做代言人吗？是组成小组，在讨论当中统一思想，然后挑人发言吗？对此，佐藤学认为，合作学习中的学生之间是平等的关系，他们的学习是借助互惠互学形成的，每个人都有自己的知识、情感、想法，都有某一方面的长处，这对合作学习来说是极为关键的。合作学习不是互教的关系，而是"互学"的关系，学生之间的这种合作应该是"若无其事"，而不是"煞有介事"或"多管闲事"。只有平等的合作才是真正有效的。因此，在学生学习的过程中，教师应该告诉学生"不懂的不要老是一个人思考，要问问邻座的同学"，而不是让"懂的"学生教"不懂"的学生。合作学习的主题最终是要落实到个人的，小组中各个成员的观点是否统一并不重要，重要的是学生在向同伴表达自己观点的时候，在倾听他人的观点的过程中，能够挑战自己原有的想法和认知，从而产生新的认识。佐藤学强调，学习并不是从统一性中产生，相反，恰恰产生在差异之中。因此，在发言的时候不应当像班级学习那样来代表小组发言。即便在合作学习中达成了统一的认识，也应当将其作为个人的意见来发表，应当尊重小组中思考和见解的多样性。

---

① 参考［日］佐藤学著.学校的挑战［M］.钟启泉译.上海：华东师范大学出版社，2010：20.

三、追求卓越

在安静而润泽的课堂上，学生们进行互惠合作的学习，这种学习看似平淡，其背后却隐含着深意，佐藤学将其称之为"所有学生的学习挑战"。

为什么这么说呢？在同步教学中，教学责任主要在教师，教师们要通过各种各样的方式来传输知识。这如同一位母亲要做各种各样的饭菜来迎合孩子的口味，然后想方设法地把饭喂下去。在创造性的课堂上，这种情况发生了逆转，教师的作用是设计者和主持人，真正实施学习的人是学生自己。他们根据材料，根据目标选择路径，甚至连目标都是自己来选定的。其中探究的过程不是由教师手把手引导的，而是自己一步步脚踏实地走出来的。如果把学校比作一个家庭的话，学生不再是等着喂饭，而是自己选择材料、选择烹饪方法，分工协作，最后制作出适合自己口味的食物，这个过程无疑是更加复杂、更具挑战性的。学生们只有更加努力地思考、更加慎重地选择、更加密切地合作，才能跨越一个又一个的难关，不断地获得新知。在佐藤学看来，这就是"追求卓越"的过程。

学校必须是追求卓越性的场所，无论是教师的教，还是学生的学。这里所谓的卓越性，不是指谁比谁优越，而是指无论处于何等困难的条件下，都尽可能追求至高境界。同艺术与学术一样，教与学也是创造性的实践。

创造性课堂的卓越性不但表现在对学生自身学习能力的倚重上，还表现在对教师的教学智慧的倚重上。为了能够让学生依靠自己和同伴的力量挑战新知，就要打破学科逻辑和教学的某些常规，放弃业已熟悉的教案，以课题的形式对知识和方法进行重构。课题的选择是其中的关键因素，要选择那些真正具有挑战性、符合学生的思维习惯和生活经验的课题，这些课题往往始于生活，以综合问题的形式存在，而非简单的对错选择和做题求解。在学生解决问题的过程中，往往不是按照教材原有的逻辑，而是按照学生的经验和思考的逻辑来进行探究，此时教师不是去干预，而是从旁协助，不是早早地下了结论，也不是判断谁优谁劣，而是静静地等待。教师的作用是倾听每个学生的声音、每个小组的声音，让所有的学生尽可能地自由表达，然后将他们的声音串联起来，把他们的思想联结起来，形成新的思想脉络。当学生们遇到困难、踌躇不前的时候，教师要带领学生一次又一次地回到原点、回到基本概念、回到教材原文中，去寻找最初的线索，而这些线索也将像丝线一样将学生思想的珍珠串联起来，在不断地串联、反刍过程中找到新的路径。这就是佐藤学最为欣赏的"跳跃"，学生通过合作学习跳出原有的思维框架，达到新的认知水平，获得新的情感，产生新的认识等等，这就是创造性课堂所要达到的——所有学生最大限度的成功。

本文作者陈静静，首次发表于《教师月刊》（2012.2）。

"静悄悄革命"的核心：合作学习

佐藤学所倡导的"静悄悄革命"主要包括三方面内容：学生之间的合作学习，教师之间的合作，家长、社区与学校的合作，而其中最为核心的是学生之间的合作学习。10年的学校改革失败经历让他痛心疾首，也令其不断反思，学校改革与重生的道路到底在何方？经过与中小学多年的共同实践和探索，他逐渐认识到：所有的学校改革如果触及不到学生的学习层面，不能保证学生的学习权，再多财力、物力和精力都不会起到脱胎换骨的作用。从大家所熟知的神奈川县茅崎市滨之乡小学的变革中，佐藤学的"学习共同体"理论也逐渐丰满起来，并且得到了实践的检验。滨之乡小学的成功引发了数千所学校的效仿，目前已经有3000所中小学加入了"学习共同体"的挑战中，而这些学校都在进行一种基于对话沟通的合作学习，如果说"静悄悄革命"取得了成效，其中最宝贵的经验就是"合作学习"。

一、让逃离学习的学生体会到学习的快乐

日本从20世纪70年代开始出现学校和课堂崩溃的乱象，教师的教学没人听，学生大量逃学、缺乏交流、互相欺凌践踏，教师与学生冲突不断，学生学力水平不断下滑，教师们对学生们无可奈何，社会、家长对教师和学校的工作极为不满，关心教育的人们忧心忡忡。这些问题当然是由很多因素引发的，但其中最重要的原因是：教师独占了课堂，学生在学校中没有获得学习的快乐，所以他们选择的只有逃走、对抗和反叛。对此他曾经写过一篇很有影响的文章——《逃离学习的学生》，文中他发出了"请把学习的权力还给学生，请把学习的乐趣还给学生"的呼喊。他认为：人的学习能力是与生俱来的，教师的工作不是教授具体的内容，而是要将学生的学习能力、学习经

验、学习兴趣激发出来，促进他们通过自己的力量来获得学习的成功。而当学生无法依靠自己的力量完成比较难的学习内容时，教师不要过早地进行干预和介入，而是让学生们在同伴的互助中获得新的经验、方法，形成新的认识。只有经过自己的经验、思维和作业加工过的信息才能真正成为学生自己的知识，而学生们真正做过、体验过、快乐过的学习才是真正有效的。那种认为自己讲过了学生就必然会学到的想法不过是一厢情愿。

他亲历 10000 多所学校，看到无数的学生从爱学到厌学，从热情到冷漠，从开朗到封闭，他发现学生们叛逆的、坚硬的外表下面是渴望学习的热切心情，而我们没有给他们以适当的关切，也没有去倾听他们心底的声音。在佐藤学看来，学生的顽劣、对抗都是因为我们没有给学生诉说的空间，没有给他们发挥自己热情和能力的舞台，没有真正理解他们对学习的渴望。他在《学校的挑战》一书中指出：以往的学校改革是把学生当作教育改革的对象（客体），忽视了学生作为改革"主角"的作用和责任。然而，学生是最值得信赖的改革伙伴，他们往往会先于教师在课堂里构筑"合作学习"的关系，发挥着他们支撑课堂改革的作用。……倘若能够保障他们课堂"合作学习"的机会，那么，他们就能比教师更快地领悟改革的愿景，就能领先于教师，发挥改革领头羊的作用。①

二、合作学习的作用

为什么要进行合作学习呢？佐藤学先生对此的回答是：其一，不组织"合作学习"，每个人的学习就不能成立。其二，要提高每个人的学习能力，合作学习是不可或缺的。在佐藤学先生看来，合作学习就是互惠学习（reciprocal learning），即通过同学之间的切磋和对话，丰富学生原有的经验，深化学生对某些事物的理解，建立知识之间的网络；学生之间更能理解对方可能出现的困惑和问题，也更能体谅对方的情感和心态，在同伴的支

---

① ［日］佐藤学著.学校的挑战［M］.钟启泉译.上海：华东师范大学出版社，2010：2.

持下，他们能够挑战更高难度的学习；合作学习关系的建立让更多的学生得到倾诉和表达的机会，他们的经验和知识进一步显性化，也让他们充分地表达自己在学习中遇到的问题，并通过同伴之间的互助得到解决。而当一名教师面对 30 名学生的时候，无论教师多么的耐心和细致，也难以顾及所有学生的想法。合作学习让学习逐渐减少对教师、对答案的依赖，学生之间互相倾听、互相倾诉、互相学习，调动了所有学生各方面的积极性，提高了每个学生对知识的细化、组织和运用能力，并同他人合作向未知的世界发起挑战。

学生之间合作的默契是惊人的，也是教师难以理解和体会的。心理学的研究表明：从婴儿时期开始，孩子就产生了强烈的同理心，他们会将别的孩子的痛苦看成自己的痛苦，当别的孩子哭泣的时候，他们会跟着一起哭泣，就如同自己受了委屈一样。而这种同理心将在合作学习中起到重要的心理支持作用。在课堂上，我们常常看到，即便没有合作学习的机会，学生还是会小声提醒同学，也会为同学的精彩表现情不自禁地惊叹、鼓掌，他们会不自觉地引用其他同学的观点，并依据其他人的观点来展开自己的阐述。学生之间互相的眨眼、挑大拇指、点头、摇头、默默等待都包含着丰富的含义，这是他们支撑同伴学习的方式。

佐藤学曾经敏锐地指出：合作学习是"互学"而不是"互教"。他认为"互教关系"可以说是"多管闲事"般极不自然的关系，而"互帮互学关系"是"若无其事的优势"结成的关系。在互学的关系中，沟通是借助"哎，这里怎么理解"之类的问话形成的。倘若同伴不问，其他学生是不会主动施教的，不过一旦有人求援，其他人会真诚地作出回应。这种"若无其事的优势"结成的互学关系，是有效发展"合作学习"的基础①。佐藤学认为：所有的学生，无论是学习优异的学生，还是有困难的学生，在以往的学习中都积累了一定的学习经验，在合作学习中这种经验被很好地串联起来了，"合作学习"也保障了困难学生平等地参与学习的机会，并保障他们积累丰富的、有意义的

---

① ［日］佐藤学著．学校的挑战［M］．钟启泉译．上海：华东师范大学出版社，2010：23．

经验的机会，即使一时不理解，有意义经验的积累也为日后参与学习挑战准备了条件。互学应该是一种相互倾听、互相理解、感同身受的过程。学生之间能够自由地交流自己的想法，并在与同伴的对话中获得自己认知、经验的成长。

佐藤学认为与一般的教师为中心的同步教学相比，合作学习的效率并不差。他在《学校的挑战》中指出：尽管"合作学习"的实施或许有损"上课"的效率，但学习的效率是不会受到损害的。同步教学的效率是削弱了学习的经验，放弃了学习困难学生，忽略了寻求发展性学习的学生的兴趣而得来的效率。这里也必须转换观念。在习惯于同步教学的效率的教师看来，"合作学习"似乎是没有效率、浪费时间的做法，但从推进"合作学习"的教师看来，同步教学的效率才是学生的浪费、经验的浪费。如果说，不是教学中教科书处理的进度，而是寻求每一个学生的学习经验的效率，那么，同步教学才是彻头彻尾的没有效率，而"合作学习"才是货真价实地讲究效率的。……我们应当寻求的不是传授教科书知识的效率，而是丰富每一个学生的学习经验的效率。①

三、合作学习的原则与方法

1. 不折不扣地接受所有学生，营造安全的、润泽的课堂环境

合作的基础是学生之间地位和角色的平等，是学生之间、师生之间的相互信赖和倚重，这就需要教师能够接受所有的学生，包容他们的缺点、毛病和不令人满意的成绩。学生之间相互尊重与信赖的关系很大程度上取决于教师对所有学生的尊重和信赖。

佐藤学倡导教师都来营造润泽的课堂：所有的学生都自自然然，既不紧张好斗也不矫揉造作，他们就以自己最真实的状态来到课堂上，等待着学习的展开。当他们遇到疑难的时候能够清楚地讲出来：这里，我不懂，为什么

---

① [日] 佐藤学著. 学校的挑战 [M]. 钟启泉译. 上海：华东师范大学出版社，2010：27.

是这样；当他们的思路受阻时会毫无顾忌地问同学：下一步怎么办；当他们有了新的发现时会兴高采烈地与同伴分享；在说出不甚完善的答案时，其他同学也能从答案中获得灵感，并沿着既有的思考继续前行。这样的课堂才真正是一种安全的课堂，学生们能够放松下来，全身心地投入到学习的课题当中。教师不会轻易地占用学生的学习时间，他们用简单凝练的话语提出问题、创设情境、烘托氛围，然后就将探究的课题交给学生们。

学生的发现主宰着整个课堂的进度，当教师的预设与学生的发现之间产生矛盾时，教师会尽可能照顾到学生的观点和认知，并围绕学生的发现来继续教学。教师没有唯一的正确答案，任何学生的答案都具有其合理性，学生对问题探究后而形成的发现网络就是这个问题本身的答案，而且这个答案不会因为下课而结束，学生可以通过日后的学习不断进行补足、完善和深化，这些都由学生自己来决定。只有在这样的课堂上，学生不再惧怕问题本身的挑战，不再惧怕自己的答案没有符合标准，不再害怕自己的说法会引发别人的轻蔑，不再害怕说出自己的疑问和困惑。这种能够自由言说的课堂、开诚布公的课堂、互相倾听的课堂才使合作学习成为可能。

2. 设定高水准的学习内容，让学生挑战高质量的学习

合作学习的关键因素之一是设定合理的学习内容和课题。到底什么样的课题最能促进学生的学习呢？

对此，佐藤学认为应该是"高水准"的内容，是具有挑战性的学习任务。

这里的高水准具有以下特征：一是探究的内容要与学生的经验具有一定的相关性，学生看到问题后会产生日常生活的联想，会有解决问题的渴望，问题的解决将对其有实质性的影响，这样的问题最适合探究；二是探究的问题是一个复杂问题，不是回答"是"与"不是"的问题，而更多的是没有标准答案的，答案随着学生学习的深入会不断丰富，不断加深，答案会随着参与人的不断介入而拓宽，具有一定的后继探究价值；三是探究的问题具有一定的难度，不是学生能够信手拈来的纯经验性的、信息性的问题，不能够直接通过资料搜索获得，学生要通过自己动手操作、观察调研，并充分调动自

己原有的知识，将这些知识进行重组、重构，并通过与同伴的交流和切磋，共同思考才能有所进展，只有这样的课题才能激发学生的学习兴趣，才能使学生获得高质量的学习过程。

3. 尊重多样性的分组方法，让学生在差异中收获更多

合作学习总是要涉及分组的问题，很多老师都在为如何分组而绞尽脑汁。对此，佐藤学有着自己独到的观点。他最推崇的是男女混合的四人合作小组，如果四人还难以形成互学的关系，就从三人开始，但最终还是要建立四人的合作关系。他认为两三个人的合作虽然比较容易形成合作关系，但是毕竟难以产生多样的见解和想法，这样就限制了学习的进展。而超过四个人的小组则会使一些学生游离在小组合作之外，得不到他人在心理上和认知上的支持，也不易产生探究的焦点。而倘若是四人的话，谁都不是客人，谁都能参与小组活动。而且佐藤学认为：男女混合编组是因为男女生混合容易产生"合作学习"。仅有男生或仅有女生的小组，尽管能够热烈讨论，却难以产生合作学习。

关于讨论较多的同质分组还是异质分组的问题，佐藤学提出：合作学习的组织最好是随意编的。许多教师组织时往往会注意，不至于使每个小组里产生困难学生。但他认为通过抽签来随意编组不会有什么问题。如果有问题，在一定期间里重新编组就可以了。

关于组内的分工问题，佐藤学认为还是以不存在领导者为妥。合作学习中无需领导者，合作学习需要的是每一个人的多样学习的相互碰撞，是每一个学生的平等参与。有些老师在安排合作学习的时候会给学生们分工，比如谁来记录、谁来实验、谁来展示等等，佐藤学认为如果是实验性质的合作学习，这样的分工是好的，如果是研讨性的或者不需要具体操作的小组合作，同学之间将不存在分工，每个人平等地表达自己的观点，而另外的人在他人观点的基础上进行思考和切磋。

4.教师起到倾听、串联、反刍的作用，等待学生的跳跃

有人不禁要问：合作学习将学习的时空交给了学生，那么教师的作用到底是什么呢？还有人会误认为这是在削弱教师的地位。但从上面的论述我们看到，教师的作用是贯穿始终的，营造课堂环境、设计探究问题、分组等处处都体现了教师的实践智慧。如果说每个学生的发言或者每个小组的学习成果是一颗珍珠的话，那么教师就是养蚌的高手，他们要帮助学生孕育、采撷并串联珍珠。佐藤学将其作用归纳为：倾听、串联和反刍。

在合作学习中，教师首先要"倾听"学生、了解学生，根据学生的经验、兴趣和认知水平来设计学习内容或探究的课题；在合作探究的过程中，教师要弯下身去，以与学生等高的距离来观察学生的一举一动，一颦一笑，了解他们在学习过程中的发现与困惑，并及时给予鼓励和支持。而且教师要引导每个学生去倾听别人，让他们从同伴身上获得宝贵的经验，让他们去发掘他人观点中的精彩之处，并将其融入自己的观点，这就是教师的另一个作用——"串联"。如果每个学生、每个小组的发言都是零散的，所有的人都将观点、发现指向自己，学生之间没有联系，那么这些发言都是毫无用处的，也无法使学生之间形成对话关系，每个人的认知也不会因为他人的观点而改变，那么真正的学习就不会发生。而教师就是要通过这种串联，让同学之间的观点、发现、经验之间产生必要性的联系，他们共同了解别人来丰富自己的认知，这样所有学生的思考才会指向同一个方向，这样的探究才能形成合力，从而形成突破性的观点。而当学生表现出踌躇、困顿的时候，教师最好带领学生们重新回到问题，回到教科书，回到原有的信息，回到已经表达的观点，对这些问题进行重新的梳理、分析，让学生更加了解探究问题的本身，而不是急于告诉学生这一步的答案或者下一步的探究路径。重新回到原点，反复对探究课题本身进行挖掘的过程就是"反刍"。在佐藤学看来，教师在学生合作探究的过程中灵活而智慧地运用这三种方式就能为合作学习提供最好的技术支撑。

佐藤学希望老师们明白，学生们只有通过自身的力量、通过互助的力量

来获得学习经验才能对其产生深远的影响，教师们请不要着急，请相信学生自身所孕育的探索的力量，这就如同一颗种子里藏着根茎、叶片、花朵，在适合的条件下自然地生长出来。学生们通过自己的思考、困顿、踌躇、互助、发现的过程，最终会实现学习的跳跃和自我的超越。

本文作者陈静静，首次发表于《教师月刊》(2012.3)。

合作学习：价值、路径与方法

合作学习无疑有几个方面的含义：首先是多个人共同完成学习任务，而不是一个人独立学习；另外合作学习中的多个人之间是一种合作关系，而不是一种竞争关系；他们之间是平等的关系，而不是一种等级关系。即便每位教师都对合作学习的概念有了一定的理解，但是我们所看到的合作学习的课堂却千差万别，而且多数的合作学习无论从过程还是从效果看，都难以让人产生成功之感，所以有的老师在看过其他老师的课例之后，或者自己尝试一段时间之后，还是决定回到原来"老师讲、学生听"的状态中去，也就是自己最擅长、最舒服的状态中。从我看过的课堂来说，好像没有老师一次都没有尝试使用过小组合作学习，只是多数人并没有坚持下来，因为只要有过尝试的老师都非常清楚，对于习惯于使用讲授法的老师来说，合作学习需要准备的更多，对老师的要求也更高。如果教师在教学设计、小组的组织、组员的安排、学习任务的分配等方面进行细致的研究的话，合作学习几乎是无法进行的，至少无法顺利地持续下去。

一、合作学习的类型与价值

因为我一直在倡导小组合作学习，一直在实践中通过课例的方式与老师们探讨合作学习的方法问题，所以在很长一段时间里，我认为，所有的人对合作学习的意义和价值是充分理解的，只是人们还不知道具体怎样去操作，所以多数时间我们都在探讨如何让小组合作更加有效，让孩子们尽可能进入学习状态中。但是随着与老师们讨论问题的深入，我发现其实很多人不是非常清楚，相较于讲授法，合作学习的意义和价值到底体现在什么地方。这个一直以来被我忽视的问题，被我误以为是不言自明的问题，却日渐凸显出来，所以我觉得有必要进一步澄清和探讨。

我们现在所进行的小组合作学习在形式上虽然有差异，但追究下去，其思想根源实际上至少有三条线索：一是美国的约翰逊兄弟进行的项目制小组合作的探索。他们把一项任务分解成若干子任务，小组中的每个人根据分工去完成自己的子任务，他们被安排成记录员、巡视员、提问员、展示员等，他们完成子任务的同时也是在共同完成自己所负责的项目。比如，要进行某地区河水污染情况的调研，有的学生做文献研究、有的现场取样、有的化验、有的记录数据、有的做成报告、有的做成果展示，每个人完成一项具体的任务，所有的人共同完成一个项目。二是日本的佐藤学所倡导的"学习共同体"的模式，学生四人组成一个小组，教师根据教学目标设计具有合作研究价值的问题或题目，小组成员通过讨论、协商来解决问题，学生之间形成彼此信任的关系，学生通过合作获得更加丰富或更加深刻的答案，从而获得知识、心理、社会性等多方面的发展。三是我国旨在提高教学效率的"兵教兵"模式，以杜郎口等学校最为典型。这些学校原本多是边远农村学校，教师资质不高，难以承担教学任务，于是教师被严格限制教学时间，学生按成绩形成异质小组，成绩好的学生教成绩差的学生，好学生化身成小老师，为差学生答疑解惑，从而提高了教学效果。当然也有一些学校尝试结合各种合作学习的长处，或者对已有的这些模式从某些方面进行改进，从而不断衍生出新的模式和方法，但基本思想往往出于这三种模式。

来自美国的项目制小组合作模式进入中国的时间比较早，20世纪八九十年代，一些学校或教师已经开始进行尝试，但是多数人认为这样的合作方式更适用于高等教育阶段，特别是研究生阶段的教育。当然其中的小组分工、各行其职的方式，许多基础教育阶段的课堂也在使用。这里主要对"学习共同体"模式和"兵教兵"模式进行剖析，借以阐释小组合作学习的意义和价值。

小组合作学习在我们国家也有较长的历史，30年前就有教师曾经倡导在课堂上推行"一帮一"的互教模式（也被称为"兵教兵"模式）。在这种模式中，教师被看作是"将领"，学生被看作是"小兵"。由于学生的成绩有差异，教师不能顾及每一位学生，所以让好学生化身"小老师"，为小组内成绩差的学生补课。在这样的小组中，组长的地位是至高无上的，是高于组内的其他学生的，是教师的代言人。因此，其他小组成员都要听命于组长，将其观点视为真理。曾经到一所以学生自主合作学习见长的中学参观，学生六人一组，被标注为 A1、A2、B1、B2、C1、C2 三等，A 等学生教 B 等学生，B 等学生教 C 等学生，学生被划分出明显的层级，A1、A2 在小组中处于权威性的地位，代表了本小组的学术水平。据介绍，这种小组分层互教的方式大大提升了学生的学习效率和学业水平。

佐藤学所倡导的"学习共同体"模式倡导四人一组，没有组长，学生间是平等关系，没有优等生与"差生"的区别。另外，学生之间不是"互相教"的关系，而是"互相学"的关系。组成小组的重要原因是"独学"会造成孤独、隔离感，在遇到具有挑战性问题的时候难以独立解决，从而造成学习上的挫败。四人小组中每个人都是平等的，每个人的观点、想法都得到充分的尊重，从而丰富了观点内容或解题思路，营造了和谐温暖的人际关系，每个学生都可以静下心来，平心静气地与同伴交换见解，每个人都可以按照自己的步调去学习，无需感到紧迫或羞耻，每个学生都在挑战自我，平等、合作、共享与追求卓越是这种合作学习的主旋律，这里的卓越不是"高分"或者一般意义上的"优秀"，而是学生通过努力对自我原有水平的挑战与超越。

二、合作学习的课堂常见误区

1. 无章可循，教师不知如何做教学设计

多数老师都习惯于用讲授的方法，毕竟采用这种方法可以有很多依据，比如教科书的顺序、教师参考书的逻辑、其他教师的教学过程，甚至可以从网上找到大量的教学资料或者录像，教师在这里不但能够找到教学过程的模板，进行参考甚至拷贝，而且能够从这里获得讲授的信心，因为既然多数人都是这样教的，"存在即是合理"，我这样教的话，虽然不会怎样出彩，但毕

竟是安全的，不会出现什么差错。多数老师在讲授方法中找到了存在感、价值感和安全感，这是不争的事实。

如果采用小组合作学习的方式，教师在教学设计时会产生一些顾虑：如是否所有的知识都需要去合作呢？哪些需要合作，哪些需要独立完成呢？我在设计的时候是全程合作，还是选择性合作？如果是全程合作，我在其中如何起作用呢？如果是选择性合作，哪个部分需要合作呢？因为多数老师自身并没有经历过长期的合作学习，也较少观摩到合作学习的课，所以总有一种不知所措、无处下手的感觉，特别是如果老师自己失败过，或者看到其他老师合作学习的课进行得似乎并不太成功，那么这样的顾虑就会加剧。

我们在长期听课的过程中也感受到，有一些老师在采用小组合作方式的过程中是不进行教学设计的，这并不说明老师对合作学习有信心或者得心应手，而是暴露了老师并不清楚合作学习实际上也是需要精心准备和设计的。从我看过的课来说，没有经过精心准备和安排，课堂往往会使合作学习过程过于散漫，教师无法真正引导学生，合作学习的目标难以达成。因此，合作学习并不是不需要设计的，而是设计的起点、逻辑与讲授方法和一般课程不太相同，如果说讲授法更多的是遵循学科或者知识的逻辑，则合作学习更多是要遵守学生学习的规律，这对目前的教师来说是最为困难的，也是最无章可循的。

2. 学生不会合作，课上闹哄哄，班级纪律难以控制

说到小组合作，一些老师就会暗自摇头，这可能是因为他们联想到的就是热热闹闹、人声鼎沸的课堂，老师心里很清楚这种表面的热闹并不能带给学生深层次的思考，学生到底能学到什么也就不得而知了。我们也确实经历过这样的课堂，现在也在不断地经历，老师说道："下面进行小组合作，大家共同来探讨某问题……"学生马上就亢奋起来了，大声地和同伴谈起来，虽然他们说话的声音很大，但听课的人是很难听清楚学生在讲什么，因为其他人的声音更大，与探讨的具体问题相比，那种终于获得了话语权的亢奋感似乎占据了上风。因为没有进入问题的讨论状态，所以这种亢奋是难以持续的，

这样的课堂多数都是虎头蛇尾，开始的亢奋热闹状态和后期的无聊无力状态形成了鲜明的对比。特别是一些平时不太守纪律的学生，往往成为此时最为活跃的人，互相之间打闹也时有发生，多数老师都在忙着维持秩序，不断提醒学生"要学会倾听"，面对着这样如同沸粥一样的课堂，老师们也感到无能为力。在讲授的课堂上，教师的控班能力表现得最为明显，老师说话是可以的，学生说话就是违反纪律，所以学生自觉地三缄其口，因为说话就会被视为不遵守纪律。但是小组合作的过程中情况就大不一样，所有的人都有不可被剥夺的发言权。老师也不能去一一过滤和筛选每个学生的话语，学生们珍视自己的话语权，却并不太清楚到底应该说些什么，但是讨论的时间必定要被打发掉的，怎么办呢？想说什么就说什么，这是不熟悉合作学习的孩子首先会想到的。

小组合作学习过程的混乱状态，不但让教师感觉到无力、痛苦，学生也同样会感到无聊和难忍，课堂长期的无序状态如果得不到调整，学生对教师的信任度就会急剧下降，他们不再相信老师能够带给他们成功的学习体验，所以课堂上的不守纪律情况就会越发明显，他们只不过是用自己的方式来打发时间而已。同时，他们对这个学科的兴趣也会逐渐减弱，不成功的学习体验让他们感受不到学习的魅力和乐趣，最可能出现的状况是学生与这个学科渐行渐远。

3. 难以评价，教学目标达成与否不够清晰

一节课时好时坏，不同的人有不同的评价标准，因此评价任何一节课都具有很高的难度，但是对于以讲授为主的教师来说，一节课无论精彩与否，至少该讲到的知识点已经讲过了，重点、难点也已经点到了，该做的都做了，如果学生没有掌握，那就是学生的问题了，只能说明学生基础不好或者悟性不够，从老师的角度来说至少是没有太多缺憾了。但是，对于合作学习的课堂来说，教师们的讲授时间往往不太长，所以教师并不太清楚学生是否掌握了这些知识点；而且合作过程往往不在教师的控制范围之内，所以教师难以调节学生们讨论的进度，学生的讨论往往比教师预想的慢得多或者已经偏离

了教师预想的轨道，与预设的教学目标有了一定的落差，教师在尊重学生的认知水平还是在保证教学预设目标的完成上难以取舍，所以以讨论为主的课往往难以在正常教学时间内完成，这种未完成性也加剧了评价的困难性，教师们也处于矛盾之中，觉得自己没有完成教学任务，感到遗憾和不安。

另外，在小组合作学习的过程中，不同小组表现出不同的特性，有的小组按照教师的规定完成了学习任务，有的小组因在某一点上讨论过于深入耽误了其他问题的讨论等；在小组合作学习的过程中，有的学生能够全程认真参与，有的学生则存在搭便车的情况，有的小组讨论过程深入但发言并不积极，有的小组代表发言很精彩却不是讨论出来的结果，这些复杂的因素交织在一起，使评价小组合作学习的效果异常困难。这也使老师们在采用小组合作学习的时候心里没底，对教学过程是否有效也没有把握，这种不确定性进一步加剧了教师的犹豫和无助感。

三、提高合作学习有效性的路径

在"学习共同体"背景下的小组合作学习要考虑的维度比较复杂，即不但要考虑教师的教学内容问题，如教学设计是否能够促进学生的学习，哪些课题可以引发学生学习得深入，还要考虑学生的分组情况：几个人一个小组最为合适？哪些学生适宜分在一个组中，不至于出现明显的"强势"或"弱势"的情况？要通过怎样的分工调动组内所有学生的积极性，体现他们各自的特点？除此之外，还要考虑教师的教学设计与小组合作的衔接问题：如果学生小组讨论的结果与教师的预设发生冲突怎么办？如果学生的讨论未能达成本课的预设目标该怎么办？小组之间产生观点冲突又该怎么办？认为合作学习意味着减轻教师负担的想法无疑是不成熟的，也是缺乏论据支撑的。

如果说教师统一讲授的方式是以预设为主，是教师在牵引着学生前进的话，那么以小组合作为主的课堂教学模式则是教师与学生小组之间、学生相互之间的生成性的交响乐。如果安排得不妥当，美妙的交响曲就可能会演变成刺耳的噪音，又会拖曳着教师回到貌似安静的、君临天下的讲授式课堂中去。从一种线性的、单向度的关系变成复式的、网状的合作关系，这对所有擅长讲授的教师来说都是一种挑战。那么教师需要从哪些方面作好准备呢？

1. 全面了解学生的学习基础和个性特征

在深入课堂的过程中，我们了解到并不是所有的教师都对自己的学生非常了解。多数教师大概了解学生在自己学科中的学习情况，能够说出上课表现积极活跃或者调皮捣蛋的学生特点，对于表现平平的学生就不会有什么深刻的印象。因为，从小学开始课程就是分学科的，因此教师对学生的了解常常都是与学科相联系的，其他方面就知之甚少，有些教师甚至叫不上自己任教班级的学生名字。这种情况下，最为便捷的方式就是"老师讲、学生听"，无论谁坐在下面，都是一样的讲解。要实现"以学定教""以学生的学习为中心"必然首先要充分了解学生的基本情况。不但了解他们在自己学科的学习成绩，还应该了解他们的兴趣爱好、情绪情感、个性特征乃至人际关系，了解哪些学生之间关系比较亲密或者疏远，如果能够了解其中的原因就更好。这对于安排小组成员、设计学习过程和研究主题都是极为重要的，也是现在的很多教师应该补上的一课。有调查显示 70% 的教师认为自己缺少学科教学知识，但从我们的观察来看，教师真正缺少是的"学科教学知识"（PCK），教师不够了解学生才是其中的症结问题。

2. 精心安排学习内容，突出合作的主题

现在的小组合作学习往往是借助"导学案"展开的，"导学案"往往是复习原有知识，在此基础上呈现本课的基础知识和基本概念，接下来是一些需要学生完成的习题。在安排合作学习的过程中，教师会有这样的困惑：小组合作学习到底在哪个环节中导入？一节课上反复进行小组合作似乎忽略了个人的独立思考，有些学生也会为此感到无聊。另外，是不是每一个题目都需要进行小组合作？小组合作的基点到底在哪里？

在我们看来，这些最容易困惑的地方，也是最考验教师智慧的地方。有些学校全面推广合作学习，教师的讲授和引导是有时间限制的，几乎所有的

学习任务都是学生通过合作完成的。这样的课堂也是有的，而且长期实施起来也没有任何障碍，如果所有的老师和学生都接受这种方式的话那是再好不过的。

而对那些不太习惯于合作学习的教师来说，可以采用讲授和小组合作相结合的方法。总体上来说，合作学习的对象是任务相对比较复杂、具有一定挑战性、依靠一个人的力量难以完成的，或者是可以有多种解法或多方观点的课题。每个学科都有各自的特点。研究团队的王晓叶老师就数学学科的合作课题进行过总结，他认为：需要动手操作的问题、有争议的问题、开放性问题、一题多解的问题以及思维性问题多是需要合作的，既有必要性也有可行性；而对于比较简单的、每个人都必须掌握的、记忆性的问题等则最好采用独立学习的方式来完成。这样的问题如果采用小组合作的方式可能会造成两种后果：一是问题过于简单，学生觉得无聊，只会"合坐"，而不会"合作"；二是每个人都应该掌握的知识因为有人搭便车而没有被学生完全掌握。学习内容到底如何安排才能引发学生的思考、合作、投入和提升，这是需要教师和研究者们长期思考的问题之一。

3. 细致入微的课堂观察，不断调整策略

在以讲授为主的课堂上，教师的多数时间和精力都放在教学内容上，希望自己的讲解清晰、透彻、有条理、有吸引力，难以对学生进行全面的关注，只会偶尔维持一下纪律。在讲述当中可能会穿插一些提问，而提的问题也往往是现成的、表面的，教师不是想知道学生的想法或者观点，而是希望通过学生的回答来支持自己的观点，让自己的讲解能够继续。所以在这样的课堂上是很难产生真正的对话的，也不会有精彩的观点，学生们几乎没有思维和表达的时间和空间。而教师也会觉得这样的课堂风平浪静，顺理成章。这样形成一种惯性：教师讲自己的，不太关注学生，这实际上会限制教师对学生的观察力。在课例研究中，我们发现多数老师对学生的观察是远观型、经验型，即便是站在学生身边，却难以描述学生们真正的学习状态，只能用"积极""不积极""活跃""不活跃"这样模糊的词语来形容，学生们的观点是怎

样的？哪里遇到了困难？是否克服了困难？每个人在小组合作中起到怎样的作用？面对这些问题，观察的老师往往是束手无策的。其实合作学习不是一件容易的事情，更不能一劳永逸。有的老师认为小组也分好了，就这样做吧。实际上并非如此，小组内的成员之间合作是否愉快、是否成功，不但与教学内容相关，还有组内同学的人际关系、性格特征等密切相关。有的学生在这个小组表现平平，甚至游离，不肯参与学习，在那个小组却自信满满，极其投入。对学生之间微妙关系的处理会对全体成员的学习产生深刻的影响。这就需要任课教师对学生的学习过程进行细致的观察，了解学生与小组成员的关系，分析学生游离的原因，并根据观察进行不断的调整，这种调整可能是学习内容的调整，也可能是小组成员、人数的调整，这是合作学习能够持续进行的有效途径。

4.与同僚合作互助，加强自我反思

小组合作学习对教师提出了更大的挑战，而这种挑战是一名教师难以应对和完成的。例如要充分了解学生，任课教师可能要请教班主任或者其他学科的老师。另外，在课堂教学的过程中，任课教师要考虑的东西比较多，难以同时完成对所有学生的观察，这个时候要实现"细致入微"的观察，就要借助于同事的力量，每位老师观察特定的小组，在"课后"将小组合作学习的情况向任课老师汇报，然后老师们共同分析学生的学习过程和效果，这样不但完成了任课教师的观察任务，而且通过共同研讨，对这个班级、年级的学生的心理状态、学习状态等有了更为深刻的了解。这对任课教师及其同侪来说都是自我反思的良机，这是教师合作的契机。学生的合作、教师的合作、学校的合作、研究者的合作必将最终形成"学习共同体"。

本文作者陈静静

瑞吉欧教育取向的奇迹

——读《儿童的一百种语言》

瑞吉欧教育理念为许多教育研究者所熟知，其产生之地就是意大利东北部城市瑞吉欧·艾米利亚。其最初的创始人是罗里斯·马拉古奇（Loris Malaguzzi），他与当地的幼儿工作者一起创立了一套"独特与革新的哲学和课程架构、学校组织方法以及环境设计的原则"，我们称这个综合体为"瑞吉欧·艾米利亚教育取向"（the Reggio Emilia Approach）。

在翻译佐藤学的《教师的挑战》一书的过程中，我忽然发现佐藤学与意大利的瑞吉欧教育思想有着极深的渊源。佐藤学在 20 世纪 90 年代就在美国的波士顿观看过瑞吉欧名为"儿童的一百种语言"（*The Hundred Languages of Children*）的教育展，展出的是当地儿童的 200 多件艺术作品。当时，佐藤学被儿童作品中所体现出来的感性、知性和想象力深深震撼，敏锐地感觉到"这个小城的实践代表着教育世界的未来"。随即他持续关注瑞吉欧的教育实践，并于 2001 年造访了瑞吉欧，《教师的挑战》第五章《创造合作学习课堂——国外案例》第 95 页详细介绍了瑞吉欧教育体系，称之为"创造性教育"，并将其称为"学习共同体的实践"。为了详细了解瑞吉欧教育体系，我仔细阅读了瑞吉欧教育体系的大成之作《儿童的一百种语言》，忽然发现瑞吉欧教育思想与佐藤学的"学习共同体"思想之间具有深刻的关联，两者相互印证，形成了创造性教育的美好图景。

《儿童的一百种语言》是由美国心理学者卡洛琳·爱德华兹，教育学者莱拉·甘第尼、乔治·福尔曼等人共同完成的，他们深入"世界各地的教育工作者视为参考资源与灵感来源"的瑞吉欧学区，对那里的教育工作者进行了深入的跟踪、探讨。这本近 500 页的大部头著作详细介绍了瑞吉欧教育的发展历程、教育观点和基本理念。对瑞吉欧的"企划式"项目课程、"教育与保育的空间的设计"等特色进行了"深描",并详细解读了瑞吉欧教育中的人际关系——"特殊权利的儿童"、"社区—教师"合作关系、教学协同研究人员、驻校艺术教师的角色和家长的心声等等,并提出了一个教育研究和实践工作者共同关心的问题:我们到底向瑞吉欧学习什么?这是我们对儿童发展的重新审视,也是对儿童教育的解构与重构,瑞吉欧迄今为止仍然代表着儿童教育的巅峰,站在巨人的肩膀上,有利于我们看清前进的道路。

一、瑞吉欧教育取向:让儿童拥有一百个世界

"儿童的一百种语言"出自瑞吉欧教育的创始人罗里斯·马拉古奇的诗作《不,一百种是在那里》:孩子是由一百种组成的。孩子有一百种语言,一百只手,一百个想法,一百种思考、游戏、说话的方式。一百种,总是一百种倾听、惊奇和爱的方式。一百种歌唱与了解喜悦。一百种世界,等着孩子们去发掘;一百种世界,等着孩子们去创造;一百种世界,等着孩子们去梦想。[①]这是瑞吉欧教育取向的思想源泉,瑞吉欧教育正是发端于对儿童发展的独到理解。

瑞吉欧教育取向系统地强调符号的呈现,以培养幼儿的智力发展。鼓励幼儿经由他们随手可得的"表达性、沟通性以及认知性语言"来探索环境,表达自我。家长、教师以及幼儿三者之间的合作关系十分明显,教室的规划以支持通过高度合作来解决问题的学习方式为原则。其特征是小组的项目课程活动、教师与幼儿之间的连贯性以及社区为基础的管理方式。在这里,教育被视为整个市镇的活动和文化共享,而这种文化的分享来自大人、孩子共同思考与讨论各种主题的探索活动。这种教育取向给我们提供了新的方法,去思索作为学习者的幼儿的本质、教师的角色、学校的组织和经营、硬件环境的设计与使用、引导共同性与开放性的探索,以及建构式的问题与问题解决的课程设计等问题。

---

① [美]卡洛琳·爱德华兹等编著.儿童的一百种语言 [M].罗雅芬等译.南京:南京师范大学出版社,2006.

　　瑞吉欧教育取向来自三种重要的教育传统，即进步主义教育、皮亚杰与维果斯基学派的建构心理学，以及意大利战后的做派改革政治。这一教育取向是以市民的民主、团结的方式培养礼貌（civility）、文明（civilization）以及具有公民良知（civic conscience）的儿童。全民民主的概念根植于这一地区民众的经验和意识层面，主张每个人都可以以"主角"的地位说出他的心声。"全民民主权力的保障"是瑞吉欧教育取向的瑞吉欧教育所担负的核心使命。瑞吉欧的教育工作者深信教育的成功来自全民性的互惠、交流与对话。

　　多元智力的创始人霍华德·加德纳认为，瑞吉欧教育体系是集合了一个为儿童智慧、情绪、社会以及道德各项潜能而仔细雕琢和指导的学校群，主要的教育方法是让孩子在美丽、健康及充满爱的环境下，参与长期的、有趣的项目活动。在加德纳看来，现今的世界里，没有任何一个地方能够像瑞吉欧学校那样卓越出众。瑞吉欧是有效率且具有人性的，它的学生们正持续见习着人性———一个或许将持续终生的学习过程。瑞吉欧社区的学校胜于任何哲学理念及方法，世界上再也没有其他一个地方可以发现在革新性哲学理论和实践之间，能够如此紧密结合、共生共存的关系存在。①

二、在"项目学习"中鼓励儿童去发现

　　令人吃惊的是，瑞吉欧学校并没有真正的计划或课程。那么，他们是如何组织学习活动的呢？瑞吉欧教师的原则是：与幼儿共事是三分之一的确定以及三分之二的不确定和新事物。三分之一的确定让我们了解而且也帮助我们去了解，我们探讨学习本身是否有其变迁、时间与场合，如何组织以及鼓励学习，如何准备良好的学习情境以支持幼儿获得何种技巧与认知基模，如何让文字、图像、逻辑思考、身体语言、象征语言、幻想、描述以及论证更上一层楼，如何游戏，如何扮演，友谊如何形成与消失，个人与团体的意识

---

① ［美］卡洛琳·爱德华兹等编著 . 儿童的一百种语言［M］. 罗雅芬等译 . 南京：南京师范大学出版社，2006.

如何发展；差异性与相似性如何出现。[1] 对于大多数老师来说，三分之二的不确定性会带来困惑与烦恼，但对瑞吉欧的老师来说这并不是难以解决的问题，因为他们确定，幼儿随时准备好要提供帮助，提供想法、建议、问题、线索以及遵循的途径。幼儿越信任教师，愈把我们当成资源，他们就愈能帮助我们。所有付出，加上我们所给的情境，形成完美的资源。[2] 在瑞吉欧的老师看来，"项目学习"（project work）是最适合幼儿的学习方式。幼儿参与深入、广泛的探索活动。一群儿童一起深入探索某个独特主题的活动，即"项目学习"。项目学习一般并没有现成的课程或教材，而是从学生感兴趣的课题出发，学生自觉发现问题，共同收集资料，创造条件解决问题。有人可能会质疑，"项目学习"对学习者的要求比较高，对幼儿来说是不是太难呢？但在瑞吉欧的教育者看来，只一味地教授并不会给幼儿带来更好的收益，儿童天生具有探索和发明的能力。同时，项目教学的另一个价值是通过对某一现象的广泛探索，基于幼儿早期经验的认识与对主题的深入了解。有学者指出：对幼儿而言，能有深入认识一个主题的经验是非常好的，幼年时熟悉经验的过程可以培养与提升幼儿对事物深入了解的习惯——此种习惯可以使幼儿在发展与教育方面收益良多。

在进行"项目学习"之前，教师必须先考虑到幼儿未入学前或在学校之外独立建构的知识与技巧，这种知识和技巧是在幼儿的社会发展中不断生成的，幼儿在学习和建构中扮演了主动的、积极的角色，并引领他们不断地去探索和挑战未知的领域和事情。这需要成人充分信任幼儿的认知力和发展潜能，为他们创造具有挑战性和新颖性的情境，为他们提供探究的环境与氛围。

在进行项目学习时，幼儿自己就可以胜任领导人，负责观察、收集资料与搬动或安排物品，能全心全意地投入真实现象的探索过程，这种学习让他们发挥自己与生俱来的才能，体现其角色，他们像是好奇的自然科学家或

---

① [美] 卡洛琳·爱德华兹等编著. 儿童的一百种语言 [M]. 罗雅芬等译. 南京: 南京师范大学出版社, 2006: 87.
② 同上: 87.

人类学家。一旦幼儿受到协助而视自己为作者或发明者，一旦他们接受协助而发现质疑以及追根究底的快乐时，便爆发出动机及兴趣，他们期待不同与惊喜。

在项目进行过程中，成人应该尽可能少介入，反而应该设立情境，作出选择以协助幼儿的工作，同时也必须不断回顾已经发生的事情，讨论彼此之间的发现，并善用所学决定如何采取行动，或必须采取多少行动，以维持幼儿较强的动力。

幼儿们对这些过程感到自在，因为他们不怕犯错或推翻自己原有的想法，项目活动的目标就像是一个永远矗立在那里的灯塔，为幼儿们带来巨大的力量，因为幼儿知道他们的终点在哪里。①瑞吉欧的幼儿所表现出的创造力确实令成人汗颜，人们都在暗暗反省自己对幼儿智慧的低估。瑞吉欧的老师们敢于与幼儿一起面对各种主题研究，这种研究的结果可能是无法预测的，甚至可能是无法完成的，即便是没有形成完美的成果，他们仍然在过程中全力协助孩子们用自己的双手去摸索，正是这种不放弃实验的精神，让项目学习充满着不确定性，也充满着活力。因为在他们看来，如果剥夺幼儿探索的冲动和欲望，这种冲动和欲望在以后的岁月里可能再也无法唤回了。这种对未知的好奇与渴望对幼儿来说是何等的珍贵。

三、儿童在"工作"中开启创造力

在许多人看来，似乎"创造力"是某种奇幻的能力，只有某一些具有超强的认知能力和智商的人才会拥有。因此，创造力在许多人看来是一个几近"神奇"的字眼，并把它看成是一小部分人所具有的专属能力。但瑞吉欧的教师们并不这么认为，他们认为创造力并不神圣，也不神秘，不是特别的事物，而是会经常性地出现在日常生活的经验中。无论任何人都可以拥有创造力，

---

① 参考［美］卡洛琳．爱德华兹等编著．儿童的一百种语言［M］．罗雅芬等译．南京：南京师范大学出版社，2006：89.

而且每个人拥有的创造力是不同的。在他们看来，"创造力不应被视为一种独立的心智功能，而是思考、认知和选择的特质""创造力来自各式各类的经验""创造力借由认知、情感及想象过程表现出来""对创造力而言，最佳的情况似乎是人际之间的交流"等等，他们对创造力的理解得到了很多人的认同，同时也是借助于他们对创造力的新的诠释，使他们的课堂更加具有创造力要素和魅力，他们所建立的正是要将"求知的学校"（the school of knowing）与"表达的学校"（the school of expressing）相结合，"开启大门"迎向幼儿的一百种语言。① 对于瑞吉欧的教师们来说，工作坊就是开启幼儿创造力的空间。瑞吉欧学校里最为核心的地方就是工作坊。工作坊与一般教室的不同之处在于，普通教室里布置的都是桌椅，学生们学习的材料往往是通过教材这个间接的媒介来获得的，他们能够看到的几乎都是文字、数字等抽象的资料。但对于瑞吉欧的幼儿们来说，工作坊拥有各种材质、各种形状和用途的材料，这些材料不是符号式的，而是真实的，有颜色、有形状，看得见、摸得着。幼儿根据主题选择自己喜欢的材料来进行加工和创造，他们可以选择音乐、绘画、雕塑、陶土、舞蹈等各种形式来表达对某一主题的理解和诠释，孩子们在工作坊里尽情地创作，他们不需要过得舒服，而是会得到各种可能的支持。因为"工作坊从来没有意图成为一种孤立、拥有特权的地方"，而是"唯一可以创造艺术语言的地方"。

儿童在工作坊中所表现的创造力是不同的，具有个人特性的烙印，他们的创造力被最大限度地尊重，他们感受到创造的自由和灵感，这对于充满着好奇心和求知欲的幼儿来说，是多么广阔的舞台，每个人都是台上最重要的主人公。

对于教师们来说，他们在工作坊中与幼儿长期相处，从而了解他们的喜怒哀乐，了解他们学习和探究的过程，了解他们的爱好和特长，幼儿在"工作"过程中将他们的喜好和灵性表现无遗，教师们就是这样一点一滴地学习

---

① ［美］卡洛琳·爱德华兹等编著.儿童的一百种语言［M］.罗雅芬等译.南京：南京师范大学出版社，2006：74—75.

与幼儿的相处方式。同时，瑞吉欧学校的课程也是在工作坊中，在与学生充分互动的基础上生成和展开的，没有现成的课程计划，课程的推进与学生的工作表现密切相关，幼儿们在工作坊中的困惑与成长被教师认真记录、分析、展示，并以此来推进幼儿的学习走向深入，这比任何现成的教材都要实在和深刻。瑞吉欧的老师善于从幼儿身上去学习和借鉴，"当我们选择与幼儿一起共事时，幼儿们的意见可说是我们最好的评鉴者、对价值与创造力的实用性最敏锐的法官。之所以如此，是因为幼儿并没有一味地过度执著于他们自己的想法，而是不断地建构并修正观念，幼儿们倾向探索、发现、改变他们的观点，喜欢以各种形式与意义来转变自己。"[①]在工作坊中，教师要对幼儿的作品用心地拍照、加注，谨慎地展出，并常常与幼儿反复讨论他们的作品。这会使得幼儿更加珍视自己的想法和作品。在马拉古奇看来，"身为教育工作者，他们必须了解幼儿如同制造者，而不是消费者，教师不需刻意教幼儿任何东西，因为幼儿自己可以学习。……教师必须能察觉到仓促判断时的危险性。他们必须进入幼儿的时间框架中，幼儿的兴趣只出现在活动过程中，或活动所引发的协调沟通中；必须了解倾听幼儿是多么必要和有利；必须知道活动像钢琴琴键一样多，为幼儿提供多样化的选择时，都将唤起无限有智慧的行动。"[②]

四、倾听、对话与记录——瑞吉欧教师的三大准则

一般的，教师在课堂上的主要角色是"教"，但在瑞吉欧的课堂上幼儿的学习是自主的，"教"更多地被融化在"学"的过程中。给幼儿容留空间，看看他们对什么感兴趣，看看他们会如何去驾驭材料，会创造出怎样的成果，这是瑞吉欧教师都非常认同和习惯的师生相处之道。正如马拉古奇所说："在教与学之间，我们尊重的是后者，这并不表示我们嫌弃教的部分，而是声明：

---

① [美]卡洛琳·爱德华兹等编著.儿童的一百种语言 [M].罗雅芬等译.南京：南京师范大学出版社，2006：74.
② 同上：71.

站在旁边观察一会儿，留出学习的空间，仔细地观察幼儿在做什么，然后假如你能彻底了解，你的教法也许与从前大不相同。"①

1. 原则之一：倾听

正是由于瑞吉欧学校对于幼儿自我探究的倚重，才使师生之间有了一种前所未见的平等性。因为无论是问题的提出，还是材料的选择，抑或是探究的过程都是以幼儿为主导的，幼儿自己具有最大的发言权，他们的行动自由得到充分的保障。此时，教师们要做的是辅助幼儿进行探究与创作。因此，如何提升幼儿的智慧生活，如何推进学习活动的进展，对于教师来说最重要的关键词是"倾听"。"倾听"代表着对幼儿全心全意关注。"倾听"所富含的意义也是尝试着跟随进入主动性学习。

正如提兹安娜·费列皮尼（Filippini, 1990）所说：有时候，成人加入孩子们一起工作，有时候只围绕在一旁，所以成人有许多角色。而成人的重要角色之一便是倾听、观察，进而了解孩子在学习情境中运用的策略。对我们而言，教师的其中一个角色就是担任"时机的分配者"，这个角色对我们而言是非常重要的，也就是让孩子感受到教师的角色不是法官，而是提供资源的人，在他们需要的时候，可以从我们这里借用一个手势或一个字词。……我们认为，假如一个教师想要了解自己如何成为一位能够组织与激发孩童的人，他一方面必须加入孩子的探索过程，而另一方面，也必须成为幼儿发现过程中的共同演出者。而且我们对孩子的期望必须是有弹性且多变的，我们也必须和孩童一样，能够感受到惊奇与欢乐。我们必须能够接住孩子丢给我们的球，并以一种让孩子想继续与我们玩，过程中有可能渐渐发展出其他游戏的方式把球抛回给孩子。②对于处于创作热情中的幼儿来说，"倾听"他们的心声，了解他们的需要，给他们必要的支持和鼓励就是最为重要的原则，这也是瑞吉欧教师的首要原则。

---

① [美]卡洛琳·爱德华兹等编著. 儿童的一百种语言 [M]. 罗雅芬译. 南京：南京师范大学出版社，2006：71.
② 同上：177.

2. 原则之二：对话

"对话"是一个宽泛的概念，是对"互动方式"的一种生动表达。对于瑞吉欧以促进幼儿自主探究的课堂来说，在"倾听"基础上的对话是推动课程前进和学习发展的重要途径。但是，有效的对话并非易事，正如布鲁纳在英国牛津幼儿学校所做的研究指出，教师与儿童之间互动的内容是必须用心经营的主题。他发现，在将近一万组的观察中，只有20%是属于真诚的对话。真诚的对话确实使我们错失了"教育时机"，也失去了让学生重新认识自己的机会，同时丧失了让学生深化学习的可能性。① 在瑞吉欧学校，"对话"是在对学生充分了解的基础上进行的，是与学生进行的心灵沟通。"对话"让幼儿了解到他所做的事情是多么重要，老师是多么欣赏和关注他们所付出的努力，从而使他们充分认识到自己以及自己所做事情的价值；"对话"让儿童对他们自己的作品和创造过程进行阐释，从而让教师更加了解幼儿作品中所包含的更多的东西，从而帮助教师加深对幼儿作品、思维过程的理解；"对话"让幼儿说出他们可能遇到的问题或者需求，需要从教师那里获得怎样的帮助；而教师则从"对话"中了解到自己从中应当承担的责任和扮演的角色。幼儿与教师通过"对话"全身心投入到具有挑战性的工作，教师仔细倾听幼儿的建议、问题，刺激幼儿的想法，提出建议以及鼓励幼儿彼此回应，同时也尽量不要过度协助幼儿。

教师必须与团体中的孩子们进行智慧的对话，并且参与他们的兴奋与好奇点讨论。虽然学习是件严肃的事情，但是教师必须以一种游戏与尊重的精神去达成。瑞吉欧教师认为自己的主要工作就是"接住孩子丢给我们的球"，他们尝试着与幼儿——这样的初学者试着玩，并从旁进行协助与支持。教师们要做的是想尽办法让游戏快乐地进行下去。成人可以掌握游戏节奏，锻炼孩子的注意力和耐力，提升他们的技巧，但是最终的目的只有一个：让孩子们体会到游戏的快乐。

---

① [美] 卡洛琳·爱德华兹等编著. 儿童的一百种语言 [M]. 罗雅芬等译. 南京：南京师范大学出版社，2006：34.

3. 原则之三：记录

瑞吉欧的教师们很早就意识到系统性地记录与幼儿一起工作的过程的重要功能：它记载下幼儿具体的所说所为，作为下一阶段学习的出发点；它同时也是一个教育工作者研究与不断改善更新的重要工具；它更为父母与一般大众提供了认识学校的详细咨询，作为获取大众反应与支持的途径。这项大胆的创意使记录变成瑞吉欧所特有的专业艺术形式：幻灯片、海报、手册，以及逐渐增加的录影带，以记载幼儿的活动经验。瑞吉欧教育取向在幼教领域里最特别的贡献就是"记录的运用"。

无论对于瑞吉欧学校、幼儿们、教师们来说，还是对于家长们来说，完善的记录都是不可或缺的。

首先，对于没有预设课程、主要靠儿童的经验即时生成课程的瑞吉欧学校来说，完备的记录实际上是对课程经验的回忆与整合。无论对于儿童而言，还是对于学校而言，这样的课程经验都具有独特性，而丰富的记录明确了这些课程经历的详细轨迹。

其次，对于"热心创作"的孩子们来说，这些记录提供了孩子们学习和发展的详细信息，这些多样化的媒介详细记录了幼儿的工作情景，这些记录为孩子们的精彩表现作出了最好的证明，也最为详尽地表现出了幼儿的智力、能力的发展进程。

同时，对于从旁提供协助的教师们来说，这些记录是教师研究和研讨的重要载体，教师们可以通过孩子们具体的表现和多样化的作品来了解孩子的学习情况，从而察觉幼儿的发展情况，并以此为基础进行教师教学技巧的修正和调整，形成新的观点，创造新的教学方案，记录是教师专业发展的重要参考资料和依据。

最后，对于"合作参与"的幼儿家长们来说，他们没有足够的时间全程参与孩子的学习过程，但是他们可以通过观看记录更加直观、全面地了解学校课程情况和孩子的发展轨迹。与家长们分享这些经验会让他们更愿意投入到孩子的教育中来，与教师共同观察、分析、分享孩子创造经验的过程，使家长的参与更加科学而有效。这也是瑞吉欧学校的幼儿家长乐于参与学校教学和研究的重要因素。

瑞吉欧教育取向可以说是一座思想宝库，他们从尊重儿童的创造开始，为了保障他们的学习权和创造力不断进行着探索。从学习材料的准备、项目学习的组织、教师的活动准则、学校与家庭、社会的合作机制等等，他们的深入思考、细致研究与前瞻性的行动，对各国的教育改革都起到了触动和启发作用。在佐藤学的"学习共同体"的理论与实践中，这些教育哲思和实践方案无不受到提倡与推崇，瑞吉欧在幼儿教育领域的杰出探索与佐藤学的学校改革路径同样体现了教育改革与发展的趋势，值得我们不断推敲、深思与探索。

本文作者陈静静

第四章

我们的"学习共同体"实践

学校发展的愿景：“学习共同体”

“学习共同体”最早是美国大教育家杜威所构想的学校模式，20 世纪 90 年代初佐藤学教授将“学习共同体”构想引入自己的教育改革实践中，并将创建“学习共同体”作为其后一系列学校改革的共同愿景，从而使“学习共同体”的观念深入人心。

一、何谓“学习共同体”

“学习共同体”中包含了两个关键词，即“共同体”和“学习”。“共同体”最早是一个社会学概念，是指基于协作的有机组织形式，强调人与人之间的密切关系、共同的目标、归属感和认同感。在“共同体”中人与人是平等的，人们团结互助、互相信任、互相尊重，为了共同的目标而努力，这也是“学习共同体”的精神内涵。而“学习”既是“共同体”形成的途径，也是“共同体”的奋斗目标，即“共同体”中的人必须具有持续的学习意愿，每个人都能看到其他人的优势，并能通过各种方法向其他人学习，同时，自身也处于开放状态，也成为其他人学习的参照。而在学校改革的大背景下，“学习共同体”就意味着学生之间、教师之间、学校之间、家长及市民之间的密切协作和相互学习，其目标共同指向：为每位学生提供高质量的学习机会。

佐藤学教授提出“学习共同体”就是要使学校成为儿童合作学习的场所，成为教师相互学习的场所，成为家长与市民参与学校教育并相互学习的场所。这一目标主要通过课堂上学生之间的合作学习，教师之间形成开放课堂、共同成长的同僚性，家长及市民参与教学实践的“学习参与”的方式实现的。可见，这是一个全民参与的活动系统，系统中的所有人都负有不可推卸的责任。“学习共同体”的实践是通过学生、教师、校长、家长及公众的参与来展开的，而这些人要能够理解和共享学校改革的愿景，领悟"公共性""民主主义"和"卓越性"的哲学，并掌握学习和关爱的伦理和方法。

或许有人会认为这是教育学者的乌托邦，但如果能够了解产生这一理念的社会背景，就会清楚地看到，佐藤学教授所倡议的人人参与的"学习共同体"的实践，是为了回应社会对公立学校和公办教育的质疑。20世纪八九十年代日本媒体大力渲染"学生学力下降"和学校中的"欺凌"问题，从而引发社会对公办教育的强烈批判，教师成为其中最重要的替罪羊。教师的专业性受到空前质疑，学生中出现的各种病理现象都被归结于教师的无能，学校特别是公办学校的价值受到贬斥，社会、家长对学校对教师的不信任情绪高涨，公办学校和公立教育成为众矢之的。政府对公立教育也失去了信心，将三分之二的学校交由民间产业与社区设立的福利性教育机构来管理。在"公共教育精简化"的旗号下，将公办学校规模缩减到了原来的三分之一，并大量削减了公立学校教师的编制与工资。公办学校一蹶不振，教师的尊严受到了前所未有的伤害。

社会对公立教育的不信任与贬损深深刺痛了佐藤学教授的心，他先后探访世界20多个国家，学习了世界各国学校改革与课堂改革的先进事例，希望能够找到医治公立教育创伤的良药。他从美国黛博拉·梅尔指导的纽约与波士顿的学校改革实践中，从意大利的罗里斯·马拉古奇指导的雷吉·艾米利亚的幼儿教育模式中获得了灵感，"合作""倾听""表达""参与"，这些关键词在他的头脑中逐渐被串联起来，"学习共同体"的脉络和框架也日渐清晰。

从这个角度上说，"学习共同体"并非任何人的独创和专利，而是所有优秀教育实践的共性之一，因此它具有普适性的价值，它不但是医治日本公立教育之殇的良药，也可以成为其他国家教育改革和发展的重要参考。这是"学习共同体"不但在日本取得了重大的成功，而且在韩国、东南亚的许多国家都备受推崇的重要原因。

二、怎样创建"学习共同体"：日本静冈县富士市岳阳中学的实践

佐藤学教授曾经在《学校的挑战》一书中，详细地介绍了"学习共同体"的创建方法，他对以往的改革实践进行归纳，提出了这样一些具体的思路：[①]

（1）在课堂里追求"活动式、合作式、反思式学习"。学生之间形成柔和的交往关系，互相倾听，积极对话。具体的做法是三年级以上的教学由男女生四人组成小组展开合作学习。

（2）以"学习"作为学校生活的中心，废除一切学习所不需要的东西。

（3）小学克服教室之间的隔阂，初中克服学科之间的隔阂，年级的教师集体努力实现每个学生的学习权。

（4）把课例研究作为学校的核心工作。所有教师都要给同僚至少上一次公开课。以学年为单位进行隔月或隔周的校本研修，尽量减少教师的各种杂务，保障校本研修时间。

（5）在课例研究中注重课后的讨论，讨论基于课堂事实，围绕学生的学习情况来展开。

（6）家长协助教师以"学习参与"的方式参与课堂实践。

这是一个系统性的学校改革活动，在佐藤学看来，这是日本公立学校涅槃再生的机会。最先进行"学习共同体"改革的是 20 世纪 90 年代新泻县小千谷市小千谷小学和茅崎市滨之乡小学，他们的成功经验为人们所津津乐道。而我在这里介绍的是一所初中，因为在日本留学期间，我曾经多次造访该校，与该校教师进行了大量的交流，所以对我来说，这所学校的事例是鲜活而实在的，这所学校就是静冈县富士市的岳阳中学。

2008 年夏我第一次到岳阳中学，这是一所郊区学校，学生 3000 人，是当地一所大型的初中。与很多郊区学校一样，学校朴素宁静，当时正值暑假，教学楼静悄悄的，只有远处操场上传来在俱乐部活动的学生们跑步的声音。

---

① 参考［日］佐藤学著.学校的挑战［M］.钟启泉译.上海：华东师范大学出版社，2010：4.

就在这所名不见经传的初中，一场"学习共同体"的革命正在悄然展开。

岳阳中学曾经是一所薄弱初中，学校的办学质量较低，学生逃课逃学的现象比较严重，教师们辛苦努力，但是收效甚微。2000 年，佐藤雅章校长来到这所学校，他急于改变现状，但也无计可施。一次偶然的机会，他读到了佐藤学教授的书，并主动与他联系，希望能够获得他的指导，进行"学习共同体"的改革。当时小学阶段的"学习共同体"改革已经呈现燎原之势，以滨之乡小学为中心，全国出现 30 多所领航学校，近 500 所小学进行了"滨之乡模式"的学校改造。虽然"学习共同体"改革的领航学校为数不少，但岳阳中学的加入还是令佐藤学教授为之振奋，因为这是初中进行"学习共同体"改革的开端，意味着"学习共同体"的建设将从小学向初中扩展。佐藤学看到，学生身上 80% 以上的不良行为都出现在初中，初中生的逃学现象最为严重，日本初中生的在校学习时间世界最低，厌学情绪世界最高，而且这种倾向逐年恶化，许多初中生随着年级的上升，丧失学习的兴趣，丧失学习的伙伴，丧失帮助其学习的教师，也丧失自身发展的可能性，一再逃避学习，形成了恶性循环。因此，"学习共同体"的改革如果能够在初中打开一个缺口，初中学生之间形成合作学习的关系，就能让更多的初中生体会到学习的快乐，而这种快乐一旦获得，就能成为持久的动力。

于是，在佐藤学的指导下，佐藤雅章校长和全体教师一起挑战"学习共同体"的改革。作为改革的核心要素，岳阳中学的课堂引进了活动（作业）、合作学习和分享表达。通过分析我们可以清楚地看到，这三个要素的动作主体都是学生，即学生通过确定课题，对课题进行调查、研究、分析等，从而使问题更加明确清晰，然后通过互相倾听、交流合作使问题获得解决，最后将自己对问题的理解和解答用各种方式进行阐述，来获得其他人的认可，并从他人的观点中发展自己的认识。这是一种尽量调动学生学习积极性的方法，将学生的经验、体验和认知作为解决问题的重要保障，珍视每个人的智慧、观点，并将所有人的学习经验充分共享的过程。而教师则要尽量保持低调，最大限度地给学生表现和表达的机会，教师要尽量语气温柔，为学生营造安心的表达空间，给学生创造交换意见和相互沟通的环境，协助他们解决问题，并将每个人的观点巧妙地编织起来，使问题不断走向深入。

"学习共同体"改革的一项重要支柱是教师之间形成"同僚性"。建构同僚性的条件之一就是要开放所有的课堂，允许其他学科、学段、学校的教师观摩和评价，并共同进行教学研讨。这对于分别忙于"学生指导""俱乐部活动指导"和"出路指导"的教师来说并非易事。一直以来所有的教师都已经习惯了一种分崩离析的、人称"巴尔干半岛"式的工作模式，每个人各司其职，互不干涉、互不往来也互不关心。为了改变这种局面，佐藤雅章校长尽量减少教师们手上的杂务，煞费苦心确保教学研讨的时间。每年至少举办40次教学研讨会，每次对两名教师的课进行教学观摩和两小时的教学研讨，以公开并研究日常课堂教学为目的，不断进行课例研讨。这种研讨主要是围绕课堂的事实，探讨三要素是如何发挥作用的，并根据每个学生的状态，探寻学生学习的成败得失之处。每个教师都要交流观察后的印象和发现，所有的教师平等地表达自己的见解。校长也主动上公开课，以体现同僚性中的平等性。

同时，岳阳中学让家长也参与到教学中来，形成家长与教师之间的相互信赖关系，使家长全力配合学校的教学改革，将家长转化为改革的支持力量。

三、"学习共同体"的影响力

岳阳中学所有的改革策略无不围绕着一个主题——提高学生的学习质量。学校为学生创造协作的、活动的、互相倾听的、自由表达的教学，让所有的学生都能得到最大程度的参与，使他们能够在学习中获得乐趣和互相信赖的同伴关系，这是保证学生学习的内部动力，保证他们有来自同伴的鼓励和支持，也使那些没有机会表达自己的孩子获得了倾听和被倾听的机会。这种"以学生的学习为中心"的改革取得了明显的效果。岳阳中学辍学的学生从38名减少到6名，学校的暴力事件降为零，那些厌学的学生也重新加入了学习者的行列，岳阳中学还一跃成为市内的高学力学校，学校的面貌发生了奇迹般的变化。

"学习共同体"的改革活动在岳阳中学仍在继续。当我走进岳阳中学的时候，这种改革活动已经持续了近10年，虽然佐藤雅章校长已经退休，老师也不断更替，但"学习共同体"的愿景依然没有变，学校的老师们已经将关爱和共享的哲学融入到自己的实践性知识当中，在与他们的交流中，我看到一个个平凡的教师身体内所蕴藏的智慧的力量。以下与各位教师朋友分享一下岳阳中学教师的点滴感悟：

> 真正好的教师要使孩子的表情变得丰富而活跃。在课上我最关注的莫过于孩子的表情了，他们的表情是判断教学好坏的重要标准。对我来说最好的表情就是孩子们快乐的笑脸，如果孩子默然或者撇嘴的话，就说明孩子不开心了，我期望孩子们放松身心，自由地思考。
>
> ——岳阳中学长谷川老师

> 老师不是给出正确答案的人，而是要开启孩子的心灵，让他们得以自由地表达，发掘他们内心深处的真实想法，这才是最为可贵的。各个科目都是如此，语文最为明显。因为语文课上受到的限制最少，它可能有多种答案，每一种答案都存在着合理性，它可以众说纷纭，可以"公说公有理，婆说婆有理"，判断的标准不是客观的、固定的，而是主观的、宽松的、自成一体的。作为老师应该清楚或许本来就没有所谓的"正确答案"，正确答案就在孩子们的心中，如果孩子得到了表达的机会，教师加以适宜的指导，他们就可以将自己的想法不断地拓展开去，这是教师职责之所在，也是教学的有趣之处。
>
> ——岳阳中学若尾老师

目前，日本已经有近3000所中小学加入了"学习共同体"的行列，虽然"学习共同体"的倡导者是日本名校东京大学的教授，但这种共同体的行动却完全是自发的、草根式的。没有政府的资金资助，没有媒体的大肆宣传，有的只是学校不安于现状渴望发展的心愿，是校长和教师团结合作的实践，是学生对同伴的渴望和对学习的向往，是教育研究者的探索和热望，这种内在的精神欲求比任何物质保障都更加实在而有效。"学习共同体"在日本取得了空前的成功，佐藤学教授对此也感到吃惊，经历过十几年改革的失败，他早已经不再是乌托邦式的理想主义者，相反他是个深谙学校发展之道的现实主义者。当问及为什么这样的改革会取得成功时，他竟然也不知道确切的答案，但是他觉得有两点是非常重要的：

一是学校自身的发展愿望。学校的发展愿望应该来自学校自身，而学校通常是顽固的——校长、教师、家长都有其顽固之处。其实谁不是顽固的呢？但是如果学校自身有自己的愿景，并将这种愿景自然而然地融合于全校师生的思维和行动中，这种改革愿景就必将实现。

二是必须有领航学校。愿景和理论再美好，如果没有人去践行，没有人获得成功，就不会被认同和传播。而"共同体"改革之所以能够推广到那么多的学校，不是因为该理论有多么完善，而是领航学校的实践获得了其他学校老师的认同，他们希望能够进行相似的尝试。目前全日本已经有 300 多所领航学校，这些学校是本地区的典范，他们的模式不断得到其他学校的效仿和复制，校长和老师看到效果后，他们会自己去尝试，重要的就是让学校自己动起来。这些领航学校如同种子一样在不同的地区生根发芽，他们会带动一大批新的学校，"学习共同体"就是以这样集合联动的方式扩展的。

四、我们离"学习共同体"远吗？

现在我们很多学校也在进行"共同体"或"联合体"的实践，这是一种很好的尝试，个体的前进总未免有些孤独，当我们开始"森林之旅"的时候，集体的智慧、群体的动力总能给我们更多的可能性。那么我们所进行的学校之间，教师之间的联合、互动，是不是佐藤学所倡导的"学习共同体"呢？答案不得而知。但是我们可以对照佐藤学所提出的"学习共同体"的要件来进行自评。

当我们走进课堂时，班级里是安静润泽，还是喧闹粗暴；学生们是轻松愉悦还是僵硬紧张；学生之间更多的是竞争还是协作；学生们在课堂上是否具有发言权，发言是否得到了倾听和尊重；当学生不懂或有问题时，得到的是帮助还是嘲笑……

当我们和教师交谈的时候，他是喜欢谈每一个学生，谈他的课堂教学，还是喜欢抱怨自己的学生愚蠢、偷懒；他是自说自话"高调门"，还是一个安静守候、耐心等待的倾听者；他是否愿意更多的老师走进他的课堂，一起探讨培养学生成长的经验；他是否愿意去参加其他学科、其他学校的教学研讨，并从别人身上学到自己缺乏的东西……

当我们走近校长时，他是在考虑如何给学生和教师更多的时间和空间，解放他们的手脚，还是在感叹经费不足、师资水平不高；他是愿意敞开校门，让其他学校的老师走进来，并学习其他学校的经验，还是闭关不出，防止经验流失……

正因为"学习共同体"涵盖了学校发展的方方面面，所以只要我们静下心来，认真地感受，就能体会到不同校长、教师、学生集体的风格和气氛，这点点滴滴中隐含着太多的信息。如果说"学习共同体"中的人是同气相求的，那么这个群体必然有一种平等、谦和、淡定的气质，尊重、倾听、合作、共享必定是其共同的行动准则，这样的学校和课堂是所有人都追求和向往的。

本文作者陈静静，首次发表于《教师月刊》（2012.6）。

基于教师教学行为改进的课例研究

——上海市高东中学"小组合作学习"的实践探索

一、问题缘起

上海市高东中学地处浦东新区城乡结合部，是一所农村中学，外来务工人员积聚趋势比较明显。高中生源来自高东镇及周边区域，初中生源主要由城镇居民子女、外来务工子女、郊区动迁户子女组成，其中外来务工人员子女占初中学生总数 60% 以上。

生源结构多元化造成了文化差异和冲突——学生行为规范参差不齐、师生之间教与学的矛盾突出、学校管理与家庭教育衔接不畅，这给学校的管理和发展提出了新的挑战。

为更好地解决这些问题，通过课题研究实现学校的可持续发展，2010 年，高东中学申报并立项了区级课题"生源多元化背景下融合共振教育策略的实践研究"。学校以课题为引领，课题负责人带领课题组全体成员，从学校实际出发，通过多渠道、多途径的教育教学活动，从管理、德育、教学等方面探索外来务工人员子女的融入性教育，目的是构建和谐校园，以实现不同生源之间的"融合与共振"。

课堂教学是学校教育的主阵地，尤其是在中学阶段，面对考试和升学压力，如何把课题与课堂教学紧密结合，开展课堂变革，在课堂中找到合适的研究主题和切入点，成为摆在课题组面前的重要任务。

二、我们的计划与行动

1.确立课堂教学研究主题

课堂教学作为学校的基础性实践活动，其质量高低直接影响着师生的身心发展，并决定着师生学校生活的质量和生存状态。然而，课堂教学改革不是一个简单的、线性发展的变革过程，而是一个复杂的、动态的变革过程。加拿大当代著名教育家迈克·富兰（Michael Fullan）在《突破》中指出，如果变革没有在课堂教学中发生，那么这种教育变革就没有发生过。

结合课题，如何进行课堂变革，开展微观课堂研究是科研人员和学校课题组成员必须共同面对的重要课题。我们认为除了统一认识，即认识到课堂变革的重要性外，重要的是要确定一个研究主题，让教师能够围绕研究主题进行课堂教学的探索和实践。因为"一个明确的主题能够帮助所有参与的教师明确目的，明确研究活动对他们和其他人的价值；明确的主题也能够使所有参与者的注意力集中到解决教学中的主要问题上来，让参与教学的时间得到有效的使用，也使得有关的资源得到合理的分配"①。基于这些理论和认识，我们经过多次讨论，根据学校生源实际和教师在以往教学中遇到的问题，把本次课堂研究的主题定为"教学中如何开展有效的合作学习"，并进行一系列的课例研究。

2.明确研究的出发点和思路

有了研究主题之后，课题组组织教师研读了小组合作学习的相关理论著作，科研人员还给教师作了小组合作学习和课例研究的专门讲座和培训。为调动课题组教师参与研究的积极性，在与教师的交流和沟通中，我们科研人员一致强调，本次课堂研究我们不直接对老师的教评头论足，主要是聚焦小组合作学习，重点关注学生的进步度，关注高水准地设定合作学习的课题，

---

① 王洁.教师的课例研究旨趣与过程［J］.中国教育学刊，2009（10）：83—85.

关注"旨在冲刺与挑战的合作学习"是否能实现。

在整个研究过程中，我们聚焦于小组合作学习中的关键问题，运用课堂观察、访谈、聊课、录像分析等方式，对小组合作学习中出现的问题作出判断和分析，以学论教，终极目标是让学生更有效地合作和学习。

三、持续的教学行为改进——六次研究课的实践

我们在研究中一直鼓励教师进行持续性的教学行为跟进，这也是课例研究所倡导的。因为"行为改进"是帮助教师用行动和反思这两种方式，透过经验进行学习的具体过程。这种学习是一种连接过去行动和未来更有效行动的关键，是思想和行动的建构性反思。在这个过程中，参与教师的兴趣和注意力是在将要采取的行动上，教师们将通过集体讨论形成的新方案、新设想，经过自己的建构性思考之后，再来实践一次，即"做"一遍。① 这时的"做"绝非简单的"做"，而是教师深思熟虑之后的有意识的做，是教师将各自的经验整合之后，将提炼出的新经验运用于新情境的过程。确切地说，这个过程又是教师经验提升、建构个人理论的过程，在教师成长过程中是非常有价值的。

基于这样的理论和认识，在课题组大部分教师都上过研究课后，我们选取了预备年级的数学老师曹哲晖老师作为"领航教师"。在科研人员的专业引领和同伴的互助下，曹老师在自己所任教的班级中，在近一年的时间里，围绕小组合作学习研究主题开展了六次研究课。每次听完课后，我们会根据课堂观察到的情况，有重点地对学生访谈。走出"课堂"，我们研究团队会跟曹老师一起"聊课"。根据观察结果及反馈，发现孩子学习中的困难和问题，以此对教师的教学提出改进建议，并明确下一次研究课重点观察和研究的问题。

---

① 王洁.教师的课例研究旨趣与过程［J］.中国教育学刊，2009（10）：83—85.

小组合作学习六次课例实践

次　数	关注点	人　数	问　题	改进策略	目的和成效
第一次	组织分组	8人	坐在边上的学生往往成为"客人"。	减少人数	杜绝小组学习中出现"客人"。
第二次	组织分组	6人	坐在边上的学生往往成为"客人"。	减少人数	杜绝小组学习中出现"客人"。
第三次	个人学习单的使用	4人	有了个人学习单，每个人都有事可做，但往往各自为营，缺少实质性合作。	设计合作课题	4人小组的单位，对于所有成员而言彼此平等倾听的学习关系是最合适的。
第四次	合作学习单的使用	4人	有了合作课题，合作质量提高，但学生的合作性思维仍没有充分被激活。	高水准的设计合作学习的课题	合作学习成功与否，取决于能否设定适当难度的课题。
第五次	合作课题的设计；	4人	有了较高水准的合作课题，一题多解、发散性；但合作时机的把握还欠佳。	抓住合作学习的时机	能够抓住时机实施小组学习，使所有学生都能够致力于"冲刺与挑战"，是教学成功的关键。
第六次	合作课题的设计、合作时机的把握	4人	合作时机把握比较恰当，在课堂教学进入高潮阶段，学生思维被充分激活时，及时开展小组学习。 合作课题设计合理，有活动作业，组内合作动手实践，组间分享表达，激活了学生合作性思维，同伴之间出现了见解多样的交流。		

四、思考和讨论

1. 小组合作学习是保障每一个学生学习权利的必然选择

所谓"学习"，是同客体（教材）的相遇与对话，是同他人（伙伴与教师）的相遇与对话，也是同自己的相遇与对话。我们通过同他人的合作，同多样的思想的碰撞，实现同客体（教材）的新的相遇与对话，从而产生并雕琢自己的思想。从这个意义上说，学习原本就是合作性的，原本就是基于同他人合作的"冲刺与挑战的学习"。[1]但教育教学的实际情况是尽管合作学习的意义为众多教师所知，真正实施合作学习的教师却是凤毛麟角，为什么诸多教师不愿意开展合作学习呢？这里最大的原因在于每一个教师的意识都聚焦于"上课"，却未能面向每一个学生的"学习"。因此实施合作学习需要教师教学观念的根本转变，每一个学生"学习"的实现必须成为"上课"的诉求。

在我们听课的课堂中，只要合作学习真的发生了，课堂就是灵动的、有生命力的，每个孩子都洋溢着喜悦和微笑，课堂随时都可能爆发出思维的火花。教师寻求的不是传授教科书知识的效率，而是丰富每一个学生的学习经验。

2. 小组合作学习成功与否，取决于能否设定适当的合作学习问题

根据建构主义理论，学习的过程是一种分享，一种肯定，通过同伴之间的相互讨论、辩证、澄清而建构出自己的知识体系。好的合作学习问题是小组合作学习赖以顺利进行的首要条件，也是合作学习具有教育价值的基础。一个好的合作学习问题能够引起学生的兴趣，激活学生的思维，从而使合作学习得以向更深入的层面进行。

一般来讲，一个好的合作问题需要具备以下几个特点：第一，问题要具有开放性。一个开放性问题在培养思维的灵活性和发散性方面有独特的作用。第二，问题要具有很强的探索性。该问题在实施过程中能激发学生的探究欲望，能让学生更深入地挖掘问题的内涵，促进学生对问题进行重新思考，从而可能提出新的问题。第三，问题要有一定的现实意义。设计的问题要具有一定的现实意义，这不仅是指要考虑与学生的实际生活有紧密联系的一些相关问题和知识，而且设计出来的问题能有利于学生掌握相关的数学知识和思想方法。教学中渗透数学思想方法能使学生终身受益，这也是课程改革所倡

---

[1] ［日］佐藤学著.学校的挑战［M］.钟启泉译.上海：华东师范大学出版社，2010：20.

导的。第四，问题要有层次性。所谓层次性指的是问题里面要含有各种各样的小问题，要适合各层面学生的需要，从而形成一串问题链。

3. 能够抓住时机实施小组学习，使所有学生都能够致力于"冲刺与挑战"是教学成功的关键

小组学习的核心意义在于有"为了冲刺与挑战的合作学习"。[①]当有以下几种情形出现时，小组就比较适合进行合作学习。第一，当教学过程中只有几个学生举手，多数学生浮现出困惑的表情的时候，应当马上组织"合作学习"。几乎所有课堂在后半段都是依靠少数举手的学生进行的，转入小组学习，是保障所有学生"冲刺与挑战"的关键。第二，在课堂教学进入高潮阶段，也必须组织小组学习。第三，合作交流之前，必要时应给与学生充分的时间独立思考。在学生没有经过独立思考的基础上就进行小组合作学习，会因学生思考不成熟而致使讨论没有良效，同样也会使本来基础就不好的学生在没有引导的前提下直接讨论而变得惊慌失措，从而只能当小组中的"陪客"。因此没有独立的思考也就没有真正的合作，合作的基础来源于每个学生独立的见解。每个学生拿出自己的观点进行交流和碰撞，才能有利于学生的共同进步。

4. 建立研究者与实践者合作学习的"共同体"是持续性课堂研究成功的重要保障

在整个研究过程中，我们建立了教师与教师、研究者与实践者合作学习的行动主体，在研究中大家相互学习，共同成长。教师学会了"做中学"，透过现象看本质，不单凭经验教学，加深了对学科本质的认识、对"教"与"学"本质的认识。在经过六次研究课的实践后，曹老师对教学的认识有了变化。曹老师在课例报告中写道：

作为课堂的设计者和组织者，教师要对教学的每个环节作出应有

---

① [日]佐藤学著.学校的挑战[M].钟启泉译.上海：华东师范大学出版社，2010：33—34.

的价值判断，看看这个环节是否符合教学内容，是否符合学生的认知水平。一旦教师设计的教学内容难度超过部分学生的认知水平，那么学生的学习就会被挡在这个教学环节，停滞不前。有的小组能很快得出结论，而有的小组学习单上的题目是空白的，那么很显然这些学生根本就没有参与到小组讨论中来，主要原因在于教师没有给这部分学生参与到这道题目的台阶，或者说题目的要求已经超出部分学生的认知水平。比如在《长方体的元素》教学中，给出的题目是"把一个长、宽、高已知的长方体切成两个一样大的小长方体，怎样切才能使增加的面积最大？增加的面积是多少？"该题要求学生直接在长方体上画出切痕，那么这是需要一定空间思维能力的学生才能完成的。我在备课时也自认为例题上的图例已经很直观，学生能很容易地在上面画出切痕。但是正是由于一部分学生缺乏空间想象能力，使得他们在画的时候无从下手。

研究者在整个过程中了解到当前课堂教学的实际，学习到教师的实践智慧。在合作研究中，应"学思并重"，即不仅从抽象的知识上去学习、省思，而且在实践中以行动来获得实际的体验。在行动中，不仅针对自己的行动体验，积极地建构有意义的个人知识，更重视让自己的思考成果回归到教师的课堂教学实践中，从而使课堂产生提高教育实效的结果。

本文作者上海市浦东教育发展研究院杨海燕，相关研究人员主要有：杨海燕、陈静静、曹哲晖、王丽琴、张娜以及其他相关教师。首次发表于《当代教育家·浦东教育》（2013.7B）。

在课例研究中创建"学习共同体"

——兼谈上海市沪新中学的课例研究实践

近年来兴起的课例研究，是一种基于课堂观察学生学习过程的教学研究，旨在聚焦课堂教学的核心问题，通过群体努力、互助合作解决教学中的问题和难题，改进教师教学行为，提升教学质量，联通教学与研究，促进课堂实现以学为中心的转变。课例研究中，从研究主题的选择、教学设计、一次上课、课后研讨到二次教学设计和教学改进及课后研讨，都离不开团队合作。课例研究试图打破不同学科的界限、理论研究者与教学实践者的界限，选择本学科教师间的合作、跨学科教师间的合作以及教师与校外研究人员之间的合作，这种以校为本的课例研究亟待解决的问题是如何促进学校的教师之间、教师与研究者之间突破权威限制和心理界限，走向以倾听、对话为基础的合作，这也是课例研究要实现的重要目标之一。如果课例研究只停留在个别化的行为，而非群体的一致行为，研究过程就会缺乏真正的平等对话，那么，课例研究中多重视角的课堂观察与理解教学的优越性将无法体现，研究也会随之走向空洞。课例研究需要参与者通过共同学习、合作共享和发展，形成团队合作关系，形成"学习共同体"，同时，通过课例研究创建"学习共同体"也是课例研究取得实效的基本保障。

一、创建"学习共同体"

尝试进行各种类型的学校变革是世界各国提升教育质量的通行做法。日本东京大学的佐藤学教授在《学校的挑战》一书中提出了"把21世纪的学校作为'学习共同体'来重建的愿景、哲学与方略"①。

1. 理想的"学习共同体"

"学习共同体"中"学校和教师的责任并不在于'上好课',而在于实现每一个学生的学习权,给学生提供挑战高水准学习的机会。""倘若要实现每一个学生的学习权,单靠教师的个人努力是不可能的。无论是小学还是初中,倘若缺乏年级的教师集体基于同僚性的相互合作,那么没有人能够承担这种责任。"② 可见,教师间的合作,并形成以教师为核心的"学习共同体"是变革课堂、变革学校的基础性前提。在本校教师开展合作的同时也要有教师与校外专家的合作、家长与社区人士的共同参与。同时,"人们一致认为,教师合作是教师专业发展的重要向度,教师的专业发展离不开教师间的合作。"③ 学习共同体的核心是基于学习的共同发展,"学习共同体"与一般性组织的不同在于成员间能够在合作、共享基础上相互学习,在团队学习中获得激励和提升。课例研究者通过在研究中承担不同任务,共同分享教学经验和教学资源,使得每一个参与者都能够分享他人基于现场的观察、基于教学的反思和日常积累的教学经验,在与同伴和教学实践的互动中反思自身的教学行为,团队合作共同探索适合学生的教学模式。

2. 现实的挑战

然而在学校变革中,教师是变革的动力也是阻力。以变革为目标的学校,需要让每位教师都成为变革的动力,需要给教师足够的支持。"对于学校而言,不能任由富有热情的教师自由行事,合作文化的真正价值在于激发教师改革热情,同时还要为他们智慧的充分发挥提供支持。"④ 作为教师的基础性组织——学校教研组更像一个基于资历和教学技能的权威型组织,教师相互倾

---

① [日] 佐藤学著.学校的挑战 [M].钟启泉译.上海:华东师范大学出版社,2010:1.
② 同上:2.
③ 崔允漷,郑东辉.论指向专业发展的教师合作 [J].教育研究,2008(6):78.
④ 迈克·富兰.变革的力量——透视教育变革 [M].北京:教育科学出版社,2000:241.

听与平等对话需要逾越由年龄、资历和职称形成的差别界限。在学校正式的有组织有制度的活动中，教师合作却往往是低效的。"进一步访谈发现，备课组、教研组活动一般由学校组织安排，通过制度规范实行，是以规则为基础的常规工作，并没有真正承担起专业组织的职责，集体评课议课也缺乏深入的研讨与对话，仅有 14.6% 的教师认为合作很有效。"[①] 教师之间需要打破常规，建立真正的伙伴关系。课例研究作为有主题的教学研究，以参与者在实践中平等参与、倾听共享、合作互动为特点，是突破学校变革困境，形成教师合作文化的有效载体。

3. 创建青年教师"学习共同体"

上海市沪新中学自 2012 年起组织青年教师开展课例研究，以通过课例研究提升青年教师专业发展水平，构建青年教师"学习共同体"，推进学校教学改革为目标。沪新中学历经数年变革尝试，在生命教育改革尝试中，形成了独具特色的"生命教育六观"，并把"生命教育"理念渗透到学校教学与课堂文化之中；在创建高效课堂的教学改革中，开展实行"导学案"和"小组合作"的探索，学校把发展核心越来越聚焦于课堂与教师成长。

随着学校新教师不断增加，青年教师专业成长问题得到越来越多的关注。学校在 2006 年组建青年教师教学研究会。教学研究会是教、研、训一体的组织，由五年教龄以下的青年教师组成，校长亲自负责，分管教学、科研的副校长具体落实，教导处、教科室两室联合推进。青年教师教学研究会的常规活动有观评课、听讲座、外出考察、读书活动等，其中教学研讨与教学比赛是最为常规和频次最多的活动，也最受青年教师喜爱。从 2012 年起，沪新中学结合 2011 年立项的区级重点课题"中学生命教育资源整合与利用的实践研究"，将青年教师专业发展列为"学校管理中生命资源利用与开发"子课题的研究内容之一，以课例研究为载体，开始了以创建沪新中学青年教师"学习共同体"为目标的尝试。

---

① 陈雅玲. 基于合作的教师专业发展实证研究［J］. 中国教育学刊，2012（5）: 85.

新教师入职年限短、资历低、经验少等，在教研组、年级组中多处于"服从者"与"被教者"地位。而他们在新知识掌握水平和能力上优于"老教师"，是学校变革中的积极力量。在青年教师群体内部，容易形成平等的伙伴关系，共同的经历和追求使他们容易形成"学习共同体"，更新学校传统的服从权威的教师文化，使教师文化走向自我更新和创生发展。

二、在课例研究中构建新型的同伴关系

沪新中学的青年教师为入职五年内的新手教师，新手教师正处于"生存适应"阶段，常常带有满腔热情，学习的主动性高，专业发展动力强。但是现实与理想、理论与实践的差距又使他们倍感工作压力大，受到自我定位的困惑，他们既要在感受职业中迅速适应角色，承担起教学重任，又要取得外界对自己教学的认可。传统师父带徒弟的同伴关系，使青年教师在入职后充当向"有经验者"学习的"学习者"角色，新教师与老教师形成的"带教"同伴关系在新教师同事关系中占重要地位，这种做法有利于新教师迅速度过职业"适应期"，不利之处则是很难打破学校传统的思维方式和行为习惯的壁垒。依托沪新中学青年教师教学研究会开展的青年教师课例研究，力图打破青年教师传统的"服从者"角色地位，构建参与者间新型的伙伴关系。

1. 构建平等的伙伴关系

课例研究是基于教学现场观察，有现场记录、基于实证的研究，这就需要团队的共同参与，即除执教教师外的所有参与者都是课堂观察者，大家依据观察任务分工，根据对学生学习过程的观察记录对执教者的教学提出个人意见。在课例研究中，参与者与执教者之间的关系不是评价者与被评价者、帮助者与被帮助者间主动与被动、给予与接受那样的主客体关系，而是平等的伙伴关系。"传统课堂研究是一种'技术性实践'研究，大体是以'目标—达成—评价'三个阶段（或是"计划—实践—验证"三个阶段）为模式的，

信奉'工具理性'。"① 课例研究打破了传统教研活动听、评课以评价为核心的固定模式，从对执教者的个人经验、教学细节乃至教育理念的评价转向对学生学习状态的呈现和教师的教学思考。

在以小组合作为主题的体育课例研究中，由沪新中学青年教师教学研究会的青年教师、青年教师的带教老师、学校校长、书记、教学副校长、科研室主任、体育学科教师、浦东教育发展研究院研究者、华东师范大学硕士研究生组成了异质观察团队，每组 2 ～ 3 位观察者，观察六个小组的活动。上课前由执教的袁晓雯老师从学生对教学内容的喜好程度、身体素质与运动能力、群体关系等方面介绍每组学生的基本情况。观察者站在学生中间，记录学生的学习情况、与同伴的关系、合作情况。

在交流研讨环节，每位参与者将个人的观察结果以叙事的方式再次呈现。观察同一小组的观察者先组内交流，然后是所有参与者进行交流。不同背景的观察者组成了多维视角，立体呈现了学生的学习状态，发现诸多被忽视的细节。观察者的记录：

> 11 号是特殊人物，据老师介绍属于随班就读生，做事非常情绪化，但本次课非常投入，所有的动作都认真做，连受罚都认真完成，小组对抗赛中还指挥 12 号"换手呀"。11 号非常好动，对前后同学屡现攻击性行为，拿球打 10 号，用手推 10 号，其他同学对他的攻击行为一直容忍，没产生冲突。

观察者对执教者的教学建议在观察记录基础上形成，不仅仅是个人的主观判断。围绕学生学习情况的研讨，打破了传统的课堂研究的局限，所有的参与者都是研究者，他们在相互倾听中寻求对教学现象的多样认识和改进策略。

---

① 钟启泉."课堂互动"研究：意蕴与课题［J］.教育研究，2010（10）：74.

2. 构建倾听为基础的对话关系

来自不同学科的青年教师与学校的资深教师、校外研究者之间需要在平等基础上建立以倾听为基础的对话关系，实现跨学科教师间、新教师与资深教师间、教育实践者与理论研究者之间的理解和相互学习。课例研究中不同的任务分配，使每个观察者的叙述和建议需要被认真地聆听，每个个体的叙述构成课堂学与教的整体。课例研究有助于建立参与者间平等参与和相互倾听的同伴关系。参与者依据个人的教育理念和教育经验解读观察记录。倾听是对话的基础，不断地倾听才能理解、熟悉发言者话语方式，理解发言者的话语意义。

> 观察者的发言：胖胖的小孩不动，没人去抓他，说明他人际关系不好。球在他手里的时间比较长，说明他有点自私和大男子主义。大家在上下传球中发生两次错误，后来上下左右一起喊出来，传球错误明显减少了。
>
> 观察者的发言：这个四人小组，两个人玩一个球，没有真正的小组合作。某同学一直争抢球，捏前面的同学。听他说话，感觉他很强势。
>
> 执教者的回应：是的，有次他去借了两副羽毛球拍，都占着。有学生和我说没球拍，我说："你可以和某某玩。"该同学却说："我宁可不玩也不和他玩"。

一位参与课例研究的历史教师说："感觉对课的观察比以前细致，因为参与的人多，大家从不同角度提问题。学校历史组只有三位教师。观察员提出的点比较多，可操作性强。"另一位化学教师说："课例主要是发现自己的问题，以前师父只是提个别的建议，不会把整堂课的细节拉出来，如果每节课都做成课例收获更大。"

"学习共同体"的核心是共同学习，而学习的本质是社会性的，即一方面是对社会积累的文化知识的学习，另一方面是对人与人之间交往互动的学习。课例研究正是从教学知识的合作构建开始，推动参与者认知的成长到形成支持学习的文化和习俗。全体成员在课例研究中都成为学习者和实践者，在自己的教学中尝试在课例研究中学习到的知识，在学习和实践中积累经验。

三、进一步提升的启示

沪新中学青年教师开展课例研究仅短短一年，虽然得到青年教师的初步认可，同时也面临着提升质量的新挑战。课例研究将学、教、研有效合一，既是实现教师专业发展的有效途径，又改进了课堂，形成"学习共同体"。目标的多重性必然影响课例研究的具体设计。构建"学习共同体"，以学习和发展核心需求成为沪新中学青年教师课例研究的明确目标，要通过课例研究实现每个参与者的成长。创建"学习共同体"，形成共同学习的机制，是建立在共同体成员主动学习的基础上的，而参与者是否具有主动学习的意愿与学习内容是否针对青年教师的个性发展需要紧密相关。因此，我们计划在后续的课例研究活动中不断改进。

1. 针对青年教师特点，确立研究主题

通过对青年教师作的个别访谈，我们发现青年教师专业发展动力强，他们希望课例研究能对其提升教学能力产生更直接的作用。如有教师认为其在研究主题选择上比较困惑，希望研究主题更小更有针对性，不仅为他们留下后续研究的一般性问题，同时也是其通过教学改进能解决的具体问题；有教师希望在研究中获得更多的支持，希望有来自区域层面的教研与科研人员的共同参与。

根据青年教师的需求和在研究中遇到的知行转化的问题，我们计划在后续的课例研究中注意在主题选择上的改进，在正式进行课例研究前增设一节随堂观察课，让所有参与者共同探讨，聚焦问题，与主讲教师协商确定研究主题、加强研究主题与实践的联系，增加研究主题与教学具体问题的关联度。

2. 深度链接思考与行动

课例研究主要以观察者为观察的主要工具，对教学进行叙述、分析、反思和启示上的质性研究，参与者在思考解决问题的细节与理性思考中建构实践理论。课例虽然是对量化评判模式和经验总结模式的突破，但是也有其局限性，即对缺乏经验的新手教师来讲，仍然存在"怎样做"的困惑，参与者需要关注如何针对观察到的问题为执教者提供可行性建议，并鼓励执教者之外的参与者积极进行相关主题的教学实践，引导新手教师将思考与行动密切联系起来。

青年教师希望有更多精深教学经验的区域教研人员加入课例研究，这一建议使我们认识到"学习共同体"的再拓展不仅体现为校内参与者的不断增加，从而使课例研究逐渐走向学校教研组，形成基于学校个体的合作文化，更需要整合各领域的优势资源，在基于主题的教学研究中构建不同层面的"学习共同体"。

本文作者上海市浦东教育发展研究院张娜、上海市沪新中学于冬梅，相关研究人员主要有：张娜、于冬梅、陈静静、王丽琴、郑新华、杨海燕、袁晓雯、田志卿及其他相关教师。本文首次发表于《当代教育家·浦东教育》（2013.7B）。

从课例研究到小组合作学习

——审视我经历的"学习共同体"

认识陈静静老师是在浦东教育发展研究院。

2010 年南汇教师进修学院并入浦东教育发展研究院，我和她成了同事。后来在《教师月刊》上读到了陈静静撰写的介绍佐藤学教授在日本的课例研究，我才得知她是佐藤学教授的弟子。我曾经也搞过课例研究，就和她谈我的读后感。因为有共同的兴趣，我们有了彼此感兴趣的话题，联系自然多了。谈到给教师推荐阅读书目，她郑重地推荐佐藤学教授的新著《教师的挑战》。我读后觉得这真是一本适合教师阅读的好书。

如今她写的文章将集辑成书，应她邀请，我把我的那段"学习共同体"经历整理成文，与读者分享。

一、试水课例研究

为了使回顾尽可能客观和真实，我找了留存的文档作陈述的依据。以下摘自 2005 年 10 月我申报特级教师的总结。

> 2002 年举行的海峡两岸小学教育研讨会上有一本论文集。其中顾泠沅教授和王洁博士的《以课例为载体的教师行动教育》研究报告，给了我极大的启发。我收集资料，撰写讲稿，形成了《课例研究》培训教材，在职培班上开了这门课。
>
> 我给课例研究下的操作性定义是：课例研究就是教师在同事或研究人员的支持下，运用观察、记录、分析、反思等手段，通过选题、选课、设计、实施与记录、课后讨论、撰写课例研究报告，对课堂教学活动进

行的研究。为了使老师们能较快地掌握方法，我对课例研究的操作进行了说明，结合老师做的实例用通俗的语言阐述研究过程。以上工作对于课例研究的开展起到了引领的作用。我把"课例研究概述"一文挂在南汇教育网上，点击人次 1500 多人。全面推广课例是在 2004 年 9 月，教育局提出在全区开展以课例为载体的校本培训。各校制订计划，落实措施。我下校指导，研究总结。2005 年 4 月，学校举行了课例研究成果的评奖活动，教师们踊跃参加，经各校筛选后参加区评奖的成果就有 281 项。其中评出一等奖 26 篇，二等奖 45 篇，三等奖 107 篇。成果反映出了教师的反思能力和研究水平的提高。在 2005 年 9 月的加强初中建设工程督导验收中，各校都总结了开展课例研究促进学校发展的成功经验。20 多名专家到薄弱初中视导听课，他们的感觉是："南汇的教育发生了显著的变化。"

从教育科研方法的角度看，课例研究是把行动研究植入课堂的尝试。课例研究拓展了课堂教学研究的方法，对教师领悟课改新理念、改进教学行为很有帮助。《尊重学生的学习需求》（南汇中学潘静红）、《指导学生经历探究的过程》（荡湾小学蔡晓燕）、《谁是罪人》（坦直中学贺颖）、《让学生拥有一份自信的心态》（航头学校严彩红）、《多媒体技术与语文教学整合的课例研究》（新港中学张雪辉）、《"教教材"与"用教材教"》（教师进修学院金雪根），这些文章正是新课改提倡的理念在课堂教学中落实的反映。

教师开展课例研究，易行而又实用，兼顾了可能性和必要性。课例研究促进教师实践智慧的增加和反思能力的提高，助教师专业成长，也是校本研修的好方法。在开展课例研究的同时，南汇区教育局采取了组团发展的方式，以一所龙头学校带动周边四五所学校组成校际联合体，组成了以南汇二中、南汇一中、八一中学、秋萍学校为龙头的四个校际互动联合体，把薄弱初中都纳入到联合体中。这也是推进初中建设工程的举措之一。校际互动联合体是我经历的"学习共同体"的初次实践。

互动联合体活动中，校长和教师被赋予了责任与权力，资金的注入又强化了学校自主发展和实施教育改革的责任感，围绕学校自身发展开展相应的研讨活动，使校长与教师的潜力被"唤醒"；思考与反思、实践与改进，促进了校长和教师的专业发展。

从"学习共同体"的角度看，这种有着浓重行政色彩的校际互动联合体，有着与其他"学习共同体"不一样的功效。如果它发挥了良好作用的话，一定是无心地遵循了"学习共同体"的规律。

二、走向小组合作学习

原南汇区并入浦东新区后，我与课例研究再次相遇，那是由华东师范大学安桂清副教授领衔的浦东教育内涵项目"课例研究"。浦东教发院的王丽琴博士、张娜博士、陈静静博士、郑新华博士、杨海燕老师等参与进来，他们自发地走进学校做研究。有几次下校观摩课例研究的活动，我因事未能成行，但是一直关注着此事。做课例研究的观察员让我好奇又兴奋。我关心他们研究的进展，也分享他们研究的成果。

同时，因为读了佐藤学教授的《教师的挑战》，我开始和一些青年教师尝试着进行小组合作学习的教改，至今已有一年多。

我指导的第一所开展小组合作学习教改的学校是六灶中学，严格地讲是两位勇于实践的青年教师孙健和王晓叶。六灶中学有组织教师读书的传统，唐书记问我可以让青年教师读什么书，我推荐了《教师的挑战》。按照学校的习惯，读完书每一位教师要写一篇读后感。新学期开始，我收到了唐书记转发给我的20多篇读书感悟。

出乎我预料的是，2013年3月底的一天，我搭乘王晓叶老师的车返回，王老师告诉我孙健老师已经开始了小组合作学习的尝试，我惊喜有加。而后到六灶中学进行指导时，我走进了孙健老师的课堂。他的小组合作学习已经有了点眉目，我和他进行了一次长谈。

孙健和王晓叶是同一备课组的搭档，因有实施小组合作学习的共同志向，所以两人成了伙伴，边切磋边实践。孙老师每一节课都尝试小组合作学习，王老师用每周一节拓展课尝试小组合作学习。一段时间后，我认为已经到了可以在数学组开课研讨了，就动员他们各开了一节课，课后数学组全体教师参加了研讨。

好多教师提出了疑问，以前看到的所谓小组合作学习的公开课，常常是热闹有余，效果不佳。所以，小组合作学习是否适用于我们这样一所农村中学？学困生是否更会游离于班级学习之外？

面对各种不解和非议，孙健和王晓叶老师并不在意，还是继续走自己的教改之路。他们不仅在课堂上尝试，而且根据学校提出的开展专题研究的要求，撰写了青年教师课题设计书《数学课小组合作学习对学生学习质量影响的行动研究》。

为了验证两位老师所教效果，学校对孙健所教的两个班级作了一次问卷调查，希望从学生的反馈中得到比较客观的评判。问卷很简单，就两个问题：你认为孙老师进行的小组合作学习好不好？理由是什么？如果要改进，你认为还有哪些地方可以改进？为了让学生讲真话，学校没有要求学生在问卷上署名。

结束后共收到两个班级的 58 份答卷，占下发问卷总数 59 份的 98%。对孙老师实施的小组合作学习的教学方法持肯定的人数是 57，达到 98%。

肯定的理由从高到低依次是：有助于交流分享，拓宽解题思路，促进了团结，锻炼了发言表达能力，喜欢动脑子了，体验到学习的快乐。学生提到的学习行为和感受，与"学习共同体"建设的目标和特征十分吻合，我们为之高兴。

对小组合作学习方法如何修改完善这一问题，学生的回答从高到低依次是：希望异质分组，希望自由组合，希望有组长来主持小组活动，希望由六人小组改为四人小组。有一位学生对小组合作学习大为赞赏，答卷上说：非常非常好，不要改进了。也有的学生建议其他课也用小组合作学习的方法（需要说明的是答卷是开放题，有多种理由的重复计算）。

统计结果表明：98%的学生对小组合作学习的形式表示欢迎，这与我们在课后随机个别访谈得到的结论相同。之后学校在王晓叶老师的班级也作了一次调查，与前面对孙老师班级的调查结果基本一致。在 30 位接受调查的学生中，29 位认为小组合作学习方式好。

看到调查结果我很高兴，学生的欢迎与否应该是评判效果如何的一个重要标准。2013 年 9 月新学期开始，孙键和王晓叶把课题的研究内容逐一分解，按照预设的方案逐项展开研究。11 月 26 日下午，孙键老师在数学组教研活动中开了一节课，就颇有争议的"新授课能否实施小组合作学习"做专门研究，教学内容是直角三角形的定理。

孙键老师自己备课自己修改，没有试教也没有预听，我在 26 日上午与他交流，他很坦然，没有那种公开课前教师常常会有的焦躁、忐忑不安，他带着对常态课做研究的心态，希望听到不同的声音。我很欣赏他这种坦诚面对的态度。

我工作室的学员闻讯而来，附近学校对小组合作学习有探索意愿的老师也来了。课后的研讨没有俗套没有废话，大家直接针对研究主题展开对话、交流。

学员张婧老师写了简讯《一堂没有"结论"的研究课》，张婧老师在文章中写道：

> 课后的研讨在宽松的氛围中进行，充分体现了对小组合作学习教学的探索性研究。孙老师抱歉没有时间完成例题的讲解，大家则认为不拘泥于预设，给予学生在组内充分地研讨是这节课的亮点。
>
> 在发言中，所有的观察者不仅根据已有的理论认识，也基于这堂课的合作效果，一致认为小组合作同样适用新授课的教改。经过观察，大家发现小组内能力强的学生，担负着为基础薄弱学生指导讲解的任务。知识的分享过程，不但不会造成任何一方的损失，恰恰相反，对双方而言都是有利的。
>
> 研讨中，大家也提出了一些问题：如何保障学力薄弱的孩子在组内的发言权？如何保持学生对小组合作学习的兴趣？如何将课内的合作魅力延伸至课外？

……

这节课依据的事实证明在新授课中实施小组合作学习的可行性,给其他老师的教改提供了一种选择。从课后的研讨看,新授课实施小组合作学习的教学还需要深入,不断改进,以更好地适应学生学习的需要。

三、探索中的认识

从一所学校两位教师开始的小组合作学习的教改正在向更多的学校延展,自愿加入探索的教师越来越多。他们都阅读了《教师的挑战》一书,从中吸收的养分,变成了思考和教改能量。踏着坚实的步伐前进,他们彼此鼓励,相互欣赏,研究切磋,不回避问题和矛盾,在解决一个个细小的问题中慢慢地成长。

这种带有民间色彩的教研"共同体",因为有一个共同的研究专题,一群有共同爱好的教师走到了一起。与行政色彩浓厚的"学习共同体"相比,虽然少了外力推动,松散性更强一些,自主性也强一些,效果的呈现也慢一些,但这倒也体现了教育是慢的艺术的观点。或许少了三分外力、多了三分内驱力的教改能够走得更自然、持久。

南汇四中的语文教师倪新华老师也在启动小组合作学习的教改,上了几次小组合作学习的探究课后,她告诉我,要实施小组合作学习,教师转变观念最重要。她说,一旦教师的观念转变,便能够用"以学定教"的思想组织学生的学习,那么,课堂教学的改进并不难。

我突然想明白了一件事——为什么实施小组合作学习的教改引出的争议会超过以往?因为这事对教师原有观念的冲击尤甚。反对者认为小组合作学习都是形式主义;小组合作学习不适宜自己班的学生,因为学生基础不好;小组合作学习难以在新授课中进行;小组合作学习对好学生是损失;等等。

我发现持这些观点的教师都凭着原有的经验说话,缺少读书学习,也欠缺那种民主、开放、勇于探索的精神。他们没有走进那些探索中的课堂,看到今天推进的小组合作学习已经有别于过去，他没有亲自"尝一尝"，所以也就"不知道梨子的滋味"。

今天我们评判小组合作学习的成败得失，需要以"以学定教"为标准。诚如夏雪梅博士在一次讲座交流中所指出的那样："以学习为中心的课堂观察要基于证据地推论每一位学生在课堂上是否都得到了富有挑战的学习经验，都产生了有质量的学习结果；要基于证据地推论每一位学生是如何学习的，根据他的真实学习状况，教师怎样做会对这位学生的学习更好。"

上海市教委提出"以学定教的课堂转型"已有三年了，课堂转型的进展非常缓慢。我的感觉是，教改的方法和行动有好多，对改变教师的教学观念来说，实施小组合作学习可能对教师的观念冲击最大。好几位教师在实施小组合作学习的教改中，已经被学生"教导"了一番。王晓叶老师告诉我，学生的学习潜力我们真的不可小瞧，他们有一次讨论一道几何题时，有两个小组讨论出来六种解题方法，连教师都没有想到。

因为实施小组合作学习的教改，教师们不仅研读了《教师的挑战》，还读了《幸福地做老师——我的生本教育实践之路》（荆志强著）《"以学定教"的课堂转型》（顾泠沅《上海教育》2010 年 7 期）、《班级授课制下的个别化教学》（张人利）、《以学习为中心的课堂观察》（夏雪梅著）等书籍和文章，采百家之蜜，酿自己之果。最后我以《我们永远走在路上——六灶中学践行"小组合作学习"教改琐记》一文的观点作小结：教改没有终点，我们永远走在路上。讨论还将继续，结论在实践之中。

本文作者上海市浦东教育发展研究院黄建初，相关研究人员主要有：黄建初、安桂清、陈静静、王丽琴、张娜、郑新华、杨海燕、孙健、王晓叶、张婧、倪新华以及其他相关教师。

第五章

教育研究者眼中的精彩课堂轶事

关注教室中的"小事"

——读佐藤学的《教师的挑战》

　　《教师的挑战》是佐藤学《学校的挑战》的姊妹篇。《学校的挑战》阐明了创建"学习共同体"的学校改革哲学，而《教师的挑战》则记录了教室中的一件件"小事"，聚焦一个个普通的教师，为我们展示了"学习共同体"课堂的日常风景。因为是普通的小事，所以格外让人觉得亲近，我们甚至可以从中找到自己的影子，但就是在这样普普通通的人身上，迸发出一种如种子一般的力量，宁静而执著。

一、关注教室中的"小事"

　　翻开《教师的挑战》就如同是在与一位长者促膝聊天，这位长者将几十年的青春都给了学校，给了他所爱的老师和孩子们，他参访过世界20多个国家，走进了10000多间教室，每一间教室里都留下了他不够高大的身影，也留下了他凝望的目光，这位长者就是佐藤学。

　　作为东京大学的一位教授，佐藤学的独特之处在于他虽然一直是个不折不扣的教育学者，但他似乎并不把高深理论作为自己的研究重心，而是几十年如一日地关心发生在教室里的"小事"：孩子的一颦一笑总牵动着他敏感的神经，学校里的点点滴滴都令他心驰神往，跑学校、进课堂成了他最大的爱好。

　　这样的大学教授似乎让人不可理解，但对此他有自己的主张。在《教师的挑战》的后记中，他说：不知从何时起，人们开始有意无意地漠视教室中的"小事"，但教育改革不正是由"小事"积累起来的吗？"小事"不正是改革成果的具体体现吗？害怕数学连书都不翻的芳树，今天在敏子和秀树的合作学习中虽然偶有失误，但毕竟开始做练习题了；总是闭着嘴，躲开他人视线的良子，今天穿着绣着小花的裤子来上学了。这里的每一件"小事"都支持和促进着每一个孩子学习，对教师来说这比"大规模"改革重要得多。[①] 他所追求的似乎不是轰轰烈烈的改革成就，而是每个孩子的点滴成长，他和每一位勤恳工作的教师一样，在精心地耕作着一片园地，课堂里孩子的笑容就是他眼中的花朵，为了这，他风尘仆仆地奔波着。

正是因为他关心教室中的"小事"，关注为孩子的成长而不断努力的教师们，所以他能够从那些看似平常的教学生活风景中找到焦点，按下快门，记录下令人感动的每一个瞬间，而这些在别人看来似乎不值一提的"小事"，却因为他的珍视而变得弥足珍贵。佐藤学教授在书中介绍的教师几乎都籍籍无名，他们是在任何学校都可以遇到的、诚实地从事教育工作的寻常教师。在佐藤学教授看来，课堂中的宁静革命正是通过每一位普通教师的小小挑战来推进的，他确信这些教师与教室中的孩子正是开拓未来教育的"教育改革者"。

二、尊重使每一位儿童都安心地学习

佐藤学提倡的是一种安静、润泽的课堂氛围，他认为只有这样，才能够让学生处于一种自然状态，这种不恐惧、不紧张，自自然然地心态是他们安心学习的前提。

滨野老师的课堂正呈现出这样一种润泽、柔和的状态。学生们按照自己的步调来朗读，他们在喜欢的段落写出自己的所思所想，读完课文他们互相讨论着，自自然然地表达自己的观点，即便是快要下课了，他们仍是意犹未尽，想要继续讨论。佐藤学认为，滨野老师良好的教学效果来自他对每一位儿童的尊重。滨野老师能够不折不扣地接纳每个人的想法，他不拘泥于"好的发言"，而是对所有人的发言都寄予信赖和期待，在他看来，"任何人的发言都是精彩的"，这使学生们能够自由地思考、轻松地交流，从而使整个课堂

---

① ［日］佐藤学著.教师的挑战［M］.钟启泉，陈静静译.上海：华东师范大学出版社，2012：134.

更加丰富而深入。因此，佐藤学提出在教学中是否能够形成合作学习很大程度上（将近有七成）取决于能否尊重每一个儿童的尊严，而教师的经验与学习的理论、教学的技能，不过占了三成的比例。

但事实上，人们往往只会对那些"有能力"的学生产生尊重和信任感，却很难去尊重那些"不能"的学生。对此，佐藤学提出用"能"与"不能"的标准来区别对待，会对学生造成很大的伤害。因此，只有摘下"能"与"不能"的有色眼镜，才能看到每个人挑战固有学习水平的情景，才能看到他们无可比拟的、个性化的经验和创造。这种个性化的学习和成长过程，就是我们发现和给予每个人的尊严和信赖的过程。

三、培养相互倾听合作的关系

合作互惠学习是佐藤学最为推崇的一种学习方式，他认为只有让学生充分地与世界对话、与他人对话、与自己对话才能实现真正的学习。但如何在学生中建立互相尊重、互相信任、互助合作的关系，对大多数教师来说却是最大的难题。在《教师的挑战》中佐藤学给出了一个特别的答案，他认为：要构筑合作学习的关系，就要培养学生相互倾听的能力，这首先取决于教师是否能够认真倾听每一位儿童的心声。

书中的山崎老师、涩谷老师和胜沼老师，虽然都是普通的教师，但在佐藤学看来，他们都是儿童心声的优秀倾听者。山崎老师从不贬低任何一个学生的发言，他尊重每个儿童的思考和感情，并看到每个儿童身上潜在的可能性；涩谷老师注重营造一种自然的学习氛围，她重视奇妙的发言，并把这些妙趣横生的发言串联起来，用学生的思考力来推进课堂；胜沼老师总是站在学生的斜侧面位置上侧耳倾听每个人的发言，学生们将胜沼老师作为亲密的倾听者，从而自由地表达自己的所思所想，而胜沼老师则像采撷珠宝一样珍视每一个人的发言。

在佐藤学看来，如果教师以身作则，成为一位耐心的倾听者，那么学生之间的倾听与合作关系就会水到渠成。因为在这些看似顽皮的学生身上隐藏着一种心心相印、关怀备至的潜能。在课堂上，如果有人捣乱，虽然教师会动怒，但学生却往往是宽容大度的。只要同伴表现出学习的意愿，其他学生就会若无其事地帮助他。学生之间的互助合作是一种天赋和需要。但在这里佐藤学也提出了一个观点，即"合作学习关系"并非"合作教授关系"，合作学习中不是由所谓的好学生去教差生，这里的合作是一种平等的关系，当儿童遇到困难的时候，他能够毫不忌讳地向其他同伴去询问"喂，这儿，怎么办"，同伴并不会因此去贬低他，而是若无其事地回应这种请求关系。因此这种合作是建立在平等、关爱基础上的倾听与回应，因此是互惠的，每个人在这个过程中都能获得心理的满足，都能获得对方的关爱，这是一种对关爱伦理的实践。

书中还有很多像滨野、胜沼这样的教师，他们在看似平常的课堂上将理解、关爱、互助的种子播撒在每一位儿童的心上，这些种子在他们的生命中生根、发芽，并成为他们学习和成长的不竭动力。本书不但描绘了日本"共同体"学校的图景，而且还将目光转向了更为广阔的世界——意大利、墨西哥、美国、法国，这些国家"学习共同体"的成果同样异彩纷呈。正如佐藤学在一次演讲中提到的，虽然世界各地的课堂风景各不相同，但所有的课堂都在进行合作互惠的学习。这本书为我们打开了一扇通向未来教育的门，在那里可以找到与我们共同成长的朋友。虽然我们生活在不同的空间，但我们对学生的爱与执著是共通的，这是教师的责任，也是教师的挑战。

本文作者陈静静

走近教学实践，守望教师的成长

——一位教育研究者的田野工作日志

　　作为一个刚刚毕业的教育研究者，我怀着忐忑的心情走进了 Z 中学的大门。迎接我的是校长、老师和孩子们的微笑，这就是我一直渴望的真实的教育生活，在这里，我是个初学的孩童，用充满新奇的目光打量着这个拥有那么多历史记忆、承载着那么多期望和祝福的学校。

　　我带着自己的课题"教师的实践性知识"走进课堂、走进教师的生活，倾听老师的心声，倾听他们的快乐、痛苦和烦恼，他们的一举一动都蕴含着意义，他们的每一个表情中都有故事。在平凡、琐碎而充满知性的工作中，他们扮演着看护者、管理者、指挥官、家长、教练等太多的角色，他们之所以能够在这么复杂的情境中应对自如，就是因为他们有比情境更复杂的实践性知识。这是一种没有实践经验的理论研究者难以知觉的知识，是与教师的生活密切联系的知识，是植根于生活、应用于生活的实效性知识。它既不是理论，也不是技术，它隐藏在教师的头脑中，却显露在大量的实际工作里，正是实践性知识的存在，才使得教师拥有了不可替代的专业身份。教师实践性知识的存在，让我们这些理论研究者开始反思自身的"立法者"身份。一直以来居高临下、指手画脚的研究方式或许并没有想象中那样高明，我们用简单的理论逻辑来框定教师的丰富生活有失真实，也有失公平。教师们自己或许并没有意识到他们的声音被淹没，作为研究者，我们发现因为缺少了教师本人的"原生态"的声音，我们的研究日益干瘪、枯燥，我期望能够给自己几已枯竭的思维注入一些活力。

　　通过走进教师的生活，与他们进行平等的"对话"，我看到教师们的头脑中确实存在着大量的知识和智慧，他们期望诉说，期望分享，渴望从理论研究者那里获得更多的东西，他们对目前的实践性知识并不满意，自我超越的力量在他们体内孕育、生成。目前我国的多数教师还处在角色转换的过程当中，他们认同、内化了一些新的教育理念，但是并没有完全意识到这些理念的真正意义，当然就更不能正确地将之应用到教学当中去，即并没有完全将之转化为实践性知识。他们还在不断地尝试、建构、反思、协商和重构，这将是个漫长的变化过程，需要社会、学校、研究者和教师们的共同努力。作为研究者我们能够做些什么呢？我想唯一能做的就是守望。守望意味着对教师成长的期盼，成长的过程需要时间，不能揠苗助长，也不能连根拔起，教师们目前的实践性知识是他们成长的基础，我们应该对此抱有充分的尊重和信任，相信经过大量的教学磨炼，学习揣摩、反思和感悟，教师们会成为更具智慧的教育者；守望意味着为教师的成长服务，我们不是教师的教师或者裁判员，而应该是教师的朋友和最忠实的倾听者，分享他们的成长故事、教学经验，以此来滋养我们的研究，使研究更加贴近教师，更能为教师所用，因为理论可以是令教师们望而却步的"高硬之地"，也可以成为对教师有帮助的"最近发展区"，这就要看理论工作者的判断和选择。

通过与教师的大量交流，笔者意识到教师并不安于现状，他们渴望在理论工作者的帮助下用各种方式来提高自己，更新自己的实践性知识，同时又常常对理论工作者的作用质疑，教师一直在保持现状和渴望提升之间挣扎。因此教师与理论工作者的合作势在必行。这种合作并不是用"理论指导实践"，笔者认为我们可以从以下三个方面来促进教师的成长。

一、用实践的理论引导实践

首先，这里的"理论"不是科研工作者得出的纯粹思辨的理论，这种理论是"大分子"的，难以分解也不利于教师吸收。这里的"理论"来自教学一线，来自教师的声音，来自他们对目前所面临的问题、困境和矛盾的感知，是真正与教师的教学活动相联系的、帮助教师解决问题的"小分子"理论，或者是一种理论的变式，即以寓于故事、案例、情境之中的理论来引导教师。这就需要教育研究者真正走近教学一线，对大量的教师和学校个案进行研究和分析，充分了解每个学校和教师个案的特点，在此基础上进行有的放矢的引导，只有这样才能得到教师的真正信任和支持。而且这里采用的是"引导"而不是"指导"，"指导"往往是行政命令式的，是上帝句式的，不容置疑，只能执行，而"引导"是需要给教师更大的自主权力，教师是博学的实践性知识的拥有者，对教学实践有自己的主张和信念，他们是学科教学的专家，与理论研究者处于平等的地位，他们对学校、班级和学生的情况更加了解，他们是教学中的真正决策者，因此他们对理论有选择、质疑甚至批判的权利。理论同时是对教师的一种启发，使他们从不同的视角来思考问题，通过理论的关照不断增强自己对教学实践的反思，理论对教师来说是一种外力，而这种外力能不能转化为教师的内在动力，还需要教师自己的思考和感悟，他们的"深远思虑"是自身成长的原动力。

施老师是预备一班的语文老师，她虽然年轻但在语文教学方面已经具备了很强的实力和潜力，我刚刚进入 Z 中学的课堂时，这个有着甜美微笑的女孩子就是我的第一个带教老师。她的每一节课我都认真倾听、记笔记，那些课已经深深印在我的脑海里。每次听完课以后，我都会在自己的博客上描述课上的情景，这些都是发生在课堂上的真实的故事，现在读来，那一幕幕还停留在眼前。我几乎没有对施老师的课作任何评价，我只是在讲我感兴趣的故事，但是相信读了我的故事，她一定会知道我所向往和追求的是怎样的一种教学，而这常常又是难以言传的，只能用故事本身的丰富和深刻去说明。博客上有一段是这样写的：

童言无忌：天上的街市

"天上的街市"是郭沫若的大作，这应该跟胡适的白话文一样，因为是比较少见的浪漫主义白话作品，所以受到追捧吧。具体的背景不是很熟悉，不过通过孩子们的眼睛，我又重新审视了这篇作品。在孩子的眼中，郭老的大作还存在许多问题，听起来也是有些好笑的问题，不过经过他们的小脑袋一转，倒是转出了一些新东西。

第一排的男孩子问："为什么是骑着牛儿来往"而不是"相会"？看来

牛郎织女天河相会的故事对他们的影响不小。厉害的是孩子们能够帮他找到答案："相会说明就是一两次，而来往说明他们可以自由地常来常往。"

张家妮问："为什么是美丽的街市而不是热闹的街市？"不知谁径自答道："因为如果是热闹的街市就会有很多人，很亮，那么就不用提着灯笼啦。"下面还有一群小家伙在为这个答案喝彩："哇塞，太有想象力了。"

"为什么是缥缈的空中而不是别的？""因为缥缈是虚幻的，形容隐隐约约的，因为是晚上，星光微弱，所以朦胧。"

"银河为什么是不甚宽广而不是非常宽广呢？""如果是非常宽的话，牛郎和织女就不会见面了，牛郎牵的只是一头水牛啊。"

"流星很快，为什么是牛郎织女提着灯笼在走？走能走那么快吗？"贾贝贝在一旁打抱不平："牛郎织女好不容易相遇了，你还让他们跑啊，这里说的是明星的亮，而不是快。"

简直是笑死我了，他们一个又一个的自问自答，这样的高频"笑弹"，让我觉得他们真是一群爱动脑筋的小哲学家和小笑星。施老师还真是有办法，设计了这样一个可爱的环节，我想他们肯定余兴未尽，下课的时候继续发问、回答吧。学习就是有太多这样的问题，等待孩子们自己去解答，大人们看着、跟他们一起笑也就够了，有时候无为而治会更好。

二、用实践去触发新的实践

教师的实践性知识产生的重要途径是参考他人的教学，在"边缘性参与"的过程中，教师常常会把其他教师所遇到的教学情境、问题解决策略、教学方法等内化到自己的认知结构中，并直接将其应用于自己的教学中，与理论的转化相比，这种借鉴更加直接、快速和高效，因此其他教师的教学实践，对教师获得实践知识的影响是巨大的。他人教学实践中创新的部分，常常能够激发起教师的情感"震撼"，他们会被新的实践所吸引，特别是在学生和教学情况发生重大变化的时候，他们更加期望能够从其他教师那里学习到新的实践方式。因此理论工作者可以为教师们教学实践中的互动创造条件，通过多方走访学校，参与课堂观察，选择优秀的课堂案例，以录像、故事等方式进行记录，并将这些案例向其他教师推广，同时在教师中组织广泛的评价和交流，用优秀的教学案例来唤起教师的创新意识，让他们对自己的教学进行反思。其他教师在教学实践中的表现能够最直接地对教师产生影响，而且他们会在不同实践的对比和评估中进行选择，理论研究者要能够对教师的实践进行辨别和评价，并以此来引导教师形成新的实践，而不是对原有实践模式的"再生产"。

陆老师是一名初二的英语老师，她是有 20 年教龄的资深教师，在英语教学、辅导方面经验丰富，和学生之间也形成了非常和谐、默契的关系。每次跟她谈起英语教学，她都如数家珍，对教材的取舍、单词的讲解、听力的训练、解题的窍门都能侃侃而谈，表现出一名资深教师特有的自信和力量。但是 20 年的经验并没有捆住她的手脚，相反，她是一位非常喜欢尝试的教师。有一次陆老师讲了一门校级公开课《埃菲尔铁塔》，在课堂上，陆老师尝试采用小组合作学习的方法来进行英语听力练习。我进行了全程录像，像往常一样，陆老师顺畅地讲好了课，应该说是 "well-done"，因为陆老师表现得非常不错。当我把录像重新放给她看的时候，我让她仔细观察每一个孩子，每一个小组成员，我抛出的问题是 "有多少个孩子投入学习之中？" "孩子的学习状态如何？" 陆老师仔细地看着，她脸上的神情凝重起来，感慨地说："看来还有 20% 的孩子没有真正在学习，我应该再好好反思一下，我要把这个录像给孩子们看看，让他们也来反思一下，帮我一起找原因。"于是我与陆老师一个细节一个细节地进行斟酌，重新设计教学内容和过程，我们双方都很有收获。后来，初中二年级的另一位年轻老师徐吉浩也讲了同样的课，我也进行了全程录像，并把录像推荐给陆老师。两位老师在教学风格方面不同，各有特点，但他们之间长期的相互学习一定会促成更好的教学以及对教学的反思，我相信这一点。

三、以集体反思来更新实践

教师的成长离不开不断的反思，但是目前我们主要是依靠教师的个人反思来完成的，个人的反思如同火花，转瞬即逝，如何将反思的火花点燃，形成熊熊火焰，这就需要教师之间的合作——以集体的反思来促进个人的反思。理论工作者应为教师们创造互动、合作的氛围，通过公开课的方式，引导教师用一种弱评价的方式共同讨论教学中的各种情境，其目的不是为了区分哪种教学方式是好的，更多的是要关注在某种特定的情况下应该怎样做的问题。教师之间是平等的、安全的合作关系，任课老师可以讲述自己在教学中遇到的问题，自己在处理这些问题时的顾虑和矛盾，而其他教师则会帮助他来解决这些问题，同时也可以对解决方法进行解释或者批判，这实际上是促进教师思考的过程，也是教师对他人和自己的教学实践反思的过程。特别是对一些有争议的问题，教师们可以各抒己见，发表自己的看法，研究者在其中是重要的倾听者和组织者，同时也要秉承一种弱评价的方式对教师的教学进行解读，并且鼓励教师以新的视角、新的方式来改善教学实践，对教师的创造进行最大限度的鼓励和支持。教师的成长离不开他所在的"实践共同体"，"共同体"成员的反思将形成巨大的合力，对教师产生巨大的促进作用，在集体反思的前提下，教师的创新性的教学实践才能稳定、保持和延续。

每一次参加教研组活动，我都能受到很大的震动，因为老师们坐在一起犹如"华山论剑"，一招一式都那么专业、那么令人敬服。最让我难忘的是语文教研组一次教学＋研讨的活动。那次肖校长带领语文组的"精兵强将"切磋技艺。

首先是语文组的施老师讲预备班的《孙悟空棒打白骨精》，然后是肖校长讲古文《邹忌讽齐王纳谏》。语文组的老师们先听课，然后对所听的课进行讨论。两位老师的课都非常精彩，在座的各位老师无不暗暗称赞。在讨论的过程中，几乎语文组所有的老师：黄老师、倪老师、赵老师、马老师、桂老师等都对两位老师的课赞赏有加。老师们对内容的组织、教学资料的运用、细节的把握等等都进行了深入的研讨。肖校长认为："在教学中，教师的引导起到至关重要的作用，教材的处理要从大处着笔，而且要抓住细节，能够让学生体会出《西游记》中的孙悟空作为英雄的悲哀，让学生从《西游记》中品出泪来。"肖校长在点评的过程中，很多老师频频点头表示赞同。桂老师是古诗词讲解的高手，她不无感触地说："我原来对课堂上看视频这个事情不太感冒，我觉得是在做花头，但是通过施老师的课我发现并非如此，合适的视频能够帮助学生更好地了解人物的性格等，以后我也会尝试用一用。"我从"学生学习"的角度阐述了对施老师讲课的看法："施老师在课堂上一直注重营造一种安全的课堂氛围，逐渐形成了让学生可以言说的环境。施老师对学生的任何回答、任何反应都能够开放地接受，这使得学生能够说出自己最想说的话，从这些话里可以知道学生对文章的理解程度、他们的极限在哪里、他们的创造在哪里。通过创造良好的言说环境，学生们的思考越发深入，现在很多问题并不需要老师来回答，他们已经可以通过同伙伴之间的联系使问题得到深化，这是学生在进行学习的最好证据，也是深化学习的最好方法。"这次讨论持续了一个小时，通过研讨，很多老师对刚才的课都有了新的了解，他们会将这些新的理解不断内化在自己的教学中，将同事们好的做法、好的想法体现在自己的课堂上，从而让自己的课更完美。

　　一年的教育实践很快结束了，Z 中学带给我太多难忘的回忆，以至于当我说起学校的时候，头脑里出现的就是这所学校以及这里的老师和孩子们。一直非常希望将这所学校作为自己的研究基地，希望能够与这里的老师和孩子们共同成长，这片沃土给予我研究的激情和思考的力量，也给了我反哺的渴望。感谢这里所有的老师给予我的关心与关注，也相信老师们能够更充分地发挥自己的聪明才智。感谢这里的孩子们给予我的感动，也祝愿这里的孩子们更加自信，茁壮成长。

本文作者陈静静

舒缓而简约的课堂气息

无数次走进课堂之后，我看到了课堂的多姿多彩、千姿百态：课堂可以是热闹的，讨论声此起彼伏，学生争论得面红耳赤；课堂可以是静谧的，在晶莹明澈、静谧安详的氛围中，开启幽闭的思绪，放飞囚禁的情愫；课堂可以是精致的，有如诗的语言，有如画的配图，有悠扬的旋律；课堂可以是紧张的，小组或同伴间的竞争催人奋进，难题的挑战让人兴奋；课堂可以是闲适的，尽情而有序地谈天说地，舒展身心……这也许就是课堂的气息。

正如亲临 10000 多间教室的日本佐藤学教授所言："教室一般是由大同小异的空间构成的。然而，不管观摩哪一间教室，我都会感受到各自不同的气息，在不同的交往中产生不同的事件。"① 即使在同一间教室，面对不同的老师和学生，我们所感受到的气息也不相同。一如 2013 年 3 月 18 日至 29 日，在整整两周的时间，我轮换坐在建平中学 5101 或 5106 这两间教室里，静静地感受 22 位青年教师的课堂，他们留给我的是不同的气息、不同的感受。其中，最能打动我的，便是年轻的钟老师所创造的舒缓而简约的课堂气息。

一、舒缓而沉着地展开教学

2013 年 3 月 19 日上午，课堂教学正式开始前的几分钟，我进入建平中学高一年级四班钟老师的教室里，立即为一种舒缓的气息所吸引。课桌被摆成小组合作的形式，六名学生围坐成一个小组，40 余名学生轻松地有序地坐好，年轻漂亮的钟老师就站在学生中间，微笑着与学生轻声交谈着什么，整个课堂乍一看就犹如大学的讨论课。

① [日] 佐藤学著.教师的挑战 [M].钟启泉，陈静静译.上海：华东师范大学出版社，2012：1.

　　十来天前，在参加学校举行的"创新实验班"研讨会期间，我与钟老师曾有过短暂、间接的接触。那天晚餐期间，我们俩曾毗邻而坐，但未曾有过什么交流，大概因我俩不曾熟悉，或许因我们俩都不是话多之人，但我感觉到她是一个温婉、柔和的女孩子；夜晚，她来到我们居住的房间，向陆老师请教、修改汇报内容，这让我看到了钟老师的认真与用心；在正式会议上，我认真听了钟老师对高一文科创新实验班开展合作学习的效果的汇报，她思路清晰、简洁有序。一个温婉柔和的女孩子，一个认真执著的新教师，一个思路清晰的班主任，这就是在短暂接触后钟老师给我留下的深刻印象。

　　人们都说，人如其课，课如其人。钟老师在执教微型小说《在柏林》的导入新课环节，我就不由自主地想到"温婉润泽、舒缓沉着"之类的词语，这就是课堂教学展开之时给我的整体感受。正式上课伊始，钟老师保持淡淡的微笑，语音语调亲切柔和但又不是轻声细语，自然地游走融入在学生中间而不是站在讲台高高居上，她清晰地说道："今天我们一起来学习微型小说《在柏林》，请同学们回忆一下，我们从高一上学期到现在已经学习了哪些小说？"话音刚落，小组同学之间便有了交流与互动，学生陆续提到《最后的常春藤叶》《一碗阳春面》《项链》《药》等，钟老师此时就把目光集中在学生身上，观察学生的讨论，倾听学生言说的内容。随后，钟老师又说道："通过前面的学习，我们已经了解小说的三要素，知晓三要素之间的联系以及对于主旨表达的推动作用。今天我们就一起来学习小说《在柏林》，大家想想这篇小说与以前所学习的小说有什么不同呢？"教学就在这样的气氛中展开。

　　整节课，钟老师沉稳地把整个身心投入到课堂中去，把目光集中在学生身上，倾听学生发言的内容，观察学生讨论的情况，了解学生掌握的程度……然后该点拨的点拨、该尊重的尊重、该调整的调整，一切都是那么自然随和，因势利导。这堂课吸引着我专注地去听、去享受，没有焦虑也没有惋惜，我如同沐浴着三月的春风，我也猜想这春风应该也会润泽学生的心灵吧。

二、纯净而简约的课堂之美

我之所以感觉钟老师的课是"纯净简约"的，是因为我看到：钟老师的课堂关注的是最基本的，她的语文课不仅关注语言文字所承载的内容，即"写的什么"，而且注重体味文本作者是用什么样的语言形式来承载这些内容，即"怎么写的"；钟老师的课堂是有效的——钟老师的教是力求用最简单的手段（如小组合作讨论）拉动学生最丰富的情感体验，学生的学是力求用最短的时间品味"简单"背后的深刻；钟老师的课堂是和谐的，即课堂上不是展演教师预设的一厢情愿，而是关注学生的问题与生成资源，课堂上不是刻意的精雕细琢，而是尊重一种自然而然的朴实。具体而言，钟老师课堂的"纯净简约之美"体现在以下几个方面：

教学目标简明。本堂课重在解决一个问题，即"体会微型小说的留白艺术对小说主旨的推动作用"。"留白艺术"是要真正留给学生的一点东西，紧紧围绕这一点展开教学，比浮光掠影、蜻蜓点水、隔靴搔痒的教学要有效。

教学内容简约。课堂教学时间是个常数，是有限的，学生的学习精力也是有限的，因此，要选择学习的内容，特别是关乎学生终身受用的"核心知识"。本堂课的教学重点和难点就放在如何落实教学目标上，通过两篇类似的微型小说《在柏林》和《德军留下来的东西》让学生来体会"留白艺术"在微型小说中的运用。

教学环节简化。导入新课—通过阅读分析《在柏林》体会微型小说的"留白艺术"—运用"留白艺术"自主探究分析《德军留下来的东西》—课后作业巩固运用"留白艺术"分析《走出沙漠》，四个环节环环相扣，清晰明了，直指目标的落实与达成。没有过多的花样，没有繁文缛节的分析，没有设置那么多的学习问题或陷阱让学生去钻，不复杂、不玄虚、不深奥，但是学生能够有探究、思考的时间与空间，能够体会并表达自己的情感。

教学方法简便。教师讲解、小组合作讨论，简便的方法、简洁的思路是学生所喜欢、所乐意接受的。这种简便的教学方法，要求每一个问题的提出与解答，都是从学生的角度来考虑，并且赋予了学生充分的思维活动空间。

教学媒介简单。本堂课所使用的 PPT 大概两三张，只是简单、干净地呈现小说三要素，没有过多地使用多媒体技术，而是围绕教材、围绕一片纸，让学生来品读、感悟、言说，保护了每一个学生在语文学习过程中独特的体验和丰富的想象力。

教学用语简要。课堂中除却了一切不必要的繁文缛节，省却了不必要的言说。尤为宝贵的是，钟老师注意倾听学生的答案，并及时地给予回应，或尊重并复述学生的观点，或点拨启发学生思考，或调整修正学生的回答。而且，钟老师注重把前后的问题、不同学生的回答"串联"起来，注重知识的连贯性与系统性。

美中不足的是，钟老师对文本内容或细节的把握还有待改进。比如，《在柏林》一文先后写道："那个后备役老兵狠狠地扫了她们一眼，随即车厢里平静了。""车厢里一片寂静，静得可怕。"这两次"静"可以说是全文的主线，也是通过"留白艺术"体悟战争残酷性的关键，但钟老师没能关注前后文的联系引导学生品味这两个关键点。又如，《德军留下来的东西》一文最后写道："他不由得抓住了女人的肩，迎着灯光，他的手指嵌进了女人的肉里，他们的眼睛闪着光，他喊道：'约安'！把女人抱起来了！"钟老师在引导学生体会其文本背后的意义时，较多地停留在震惊、悲哀、失落等负面情绪上。其实，"不由得""手指嵌进……肉里""眼睛闪着光""抱"所蕴含的情感信息非常丰富，表达了主人公的惊喜及害怕再次失去……

总之，在我看来，钟老师的语文课是温婉的、滋润的、纯净的、简约的、灵动的、智慧的，她在目标的确定、内容的选择、方法的安排、媒体的运用等方面都有了充分的思考与准备，在穷尽教学中可能出现的各种变化后，依然能够驾轻就熟地调控课堂节奏，体现出她自由行走在预设与生成之间的教学智慧。我想，钟老师的教学智慧理应来源于她对学生真切、真诚、真实的关注与关爱，来源于她丰厚的文学修养与学科功底，来源于她对教学生活的探索发现和深刻认识。

本文作者上海市浦东教育发展研究院姜美玲

一个四人学习小组的课堂故事

2012年5月11日下午，我们课例研究小组再次来到H中学，参与观察了两节公开课（语文《登飞来峰》、数学《一元方程组的解法与应用》）。有趣的是，上个月观察两节体育课，我们观察的也是这个班，于是笔者将这四节课串联起来，一个关于小组合作的课堂故事就这样展开了……

一、组长的"天然优势"

进教室后，我就看到座位已经摆成了四人（或五人）合作的样子，且行间放了许多供我们观察用的小凳子。我努力地往前走时，第五组的杨瑞刚（一个比较胖的热情男生）主动喊我："老师，到我们组来吧！"我看到已经有观察者坐在那个组旁边，就微笑着跟他说："这节课我就坐在这个组（指他们的邻居第三组）吧，下节课再过来。"就是在这样的情境下，我偶然成为了第三组的观察员，事后才知道，这个四人小组的组长梁凯琪正是上次体育课上责任心很强的方静（化名）所在小组的组长。不管是率领另四个女生一起在体育课上"拼搏"，还是在这节课上与三位男生愉快合作，这个梁凯琪同学真的是一个称职的小组长。而这种"领导"的品质是天生的，还是进入这个班级以来形成的，可能要进一步咨询其班主任后才能确认。

坐定下来观察这个四人小组中的其他三个男生，我发现了有趣的现象，那就是他们都是矮个子的小男生，比组长梁凯琪看上去要小一圈，尤其是第一排的两位。在小学高年级和初中前半段，很多班级有这样的现象，那就是男生发育迟，显得比同龄的女生要弱势得多，这可能是这个小组比较容易接受梁凯琪领导的客观原因之一吧。相比之下，隔壁的第五组，组长居然就是我上次观察过的方静同学，她虽然个子也蛮高的，但组里的杨瑞刚等男生比她更高大，性格也更开放（从主动喊我加盟可见一斑），因此，好像在两节课的行进过程中，那组的组长作用远不如我观察的这个组明显，为什么要选择过于文静的方静做组长，老师是否有特别的考虑？这也要进一步咨询老师后才能确认。其他四个组的组长，我能对得上号的还有第一组的姜婉萍和第六组的巴婉茹，课后的交流中我也频繁地听到老师们对这两个孩子的称赞，她们都是相当有组长风范的，尤其是巴婉茹，由于组里有很难对付的常文韬，她的领导似乎更隐忍、宽容。

将观察过的四节课连起来考察，我发现，四人学习小组的学习质量有一个重要的影响因素，那就是小组长的选择。小组长要发挥他们的优势（如性别、身高、性格、成绩、责任心）等，使他们能在小组里拥有相对明显的权威，其中"身高、性格"等似乎属于天然型的优势。梁凯琪在体育课上五个女生组成的小组中，体育成绩不算优势，但责任心超强，给我们留下了深刻的印象；在这两节语文和数学课上，我也没有发现她有多少明显的成绩优势，但相对于其他三位小男生，她领导起来似乎还是绰绰有余，加上她的责任心一贯较强，使得本组两节课的学习表现都很不错。设想，如果把梁任命到隔壁的第五组，或后排的第六组，估计她是搞不定杨瑞刚、常文韬等厉害的男生的。再设想，如果本组三个男生中的任意一位被任命为小组长，是否还能像梁凯琪这样淡定自如地完成小组合作的诸多事项，这可能也要划个问号。

二、数学课为本组立下汗马功劳的两位小男生

数学课上，老师采用分层加分制的激励手段来促进教学，即每位正确完成学习单上相应题目的同学，可以为本组挣 2～5 分不等，基础比较弱的正确完成，可以翻倍加分，正确完成一题拓展题可得 5 分。因此，从一开始上课，全班就进入了你追我赶做题的状态，我观察的这个组也不例外。王俊杰第一时间被老师喊到黑板上做一道基础性的方程组，我观察到他的一个细节性的动作，就是老师让他去后面的黑板上做题，他没有立即穿过人群，而是先走到前面黑板处，拿好粉笔，才走向后排；完成了自己的任务后，也是先

把粉笔放到前面黑板的槽子里，才回归自己的座位。可见，这是一个细心的体贴的男孩子。

轮到老师带领全班同学对照板演讲解时，这个小组的四个孩子都能及时跟着老师的指示来回转身看黑板（前后两块黑板同时启用是这节课的一个亮点，但不是所有孩子都能跟着老师的指示走，有的还在埋头做题），王俊杰被老师喊到黑板前讲解自己的做法，他的回答完全正确。老师评价，因为王俊杰属于基础不是很好的，这次可以翻倍加分，也就是第三组由于王的努力，一下子可得 4 分，教室里响起了掌声，没有"不公平"之类的抗议，我也没有观察到王俊杰因此有什么不愉快。看样子，大家对这样的规则是接受的。随后的第一组朱丽华做同一道题，做法完全一样，老师只给了两分，大家也平静地接受了，倒是本组的胡继海和夏裕阳表现出明显的高兴劲儿。回归座位后的王俊杰一直在忙着赶自己还空着的学习单，包括把自己已经板演过的那一题再做一遍。我留意到，他重做一遍时，速度还是不快，似乎还需要思考着做。至于后面分值较高的题目，他真的是遇到了困难，第三题纠结了许久，最后还是看着黑板上其他同学的板演才完成的。到最后组长批改本组组员的学习单时，王俊杰错了一题，而且还有题没有做完。看样子，在数学学习方面，他真的是属于基础不够好的一类。

本组数学课上另一个立功的男生是夏裕阳。当时课堂讲到相对较难的一道题，奖励分值上升到三分，老师发现夏举手了，便说："夏裕阳难得举手的，让他来吧！"这道题夏裕阳也做对了，但上台讲题时，夏的表现只能说是一般，他只是读了一下过程而已。老师没有计较，依然隆重宣布本组再加三分，胡继海更加高兴了，跟组长梁凯琪相视而笑。至此，本组这节课共获得七分，是全班得分最高的（由于拓展题课堂上的内容没能完成，很多单瞄着五分一题的这部分孩子，没能实现为本组加分的目标）。

值得一提的是，这两个男生在语文课上的表现也有可圈可点之处，比如夏裕阳在老师和同学们一起猜测王安石为什么会写出"只缘身在最高层"时，高声补充"一人之下万人之上"（我后来发现夏的语文更弱一些，当堂背诵的任务，本组只有他不能完成，而且似乎已经没有人强求他完成）；在老师拿出以前学过的拓展内容——李白的《登金陵凤凰台》——以帮助大家理解王安石的诗句时，王俊杰发现自己以前没有记，赶紧从同桌梁凯琪的课本上找到了相应的记录，抓紧补记到自己的课本上。

可以说，这两位看起来基础都不够好的男生在两节课上都有超出自己原有水平的表现，大多数时间他们结结实实地处在学习状态中，而且其突出的表现，确实有受集体主义激励的成分。数学课上的"立功"，对语文课的学习也有一定的正向激励作用，尽管相比之下，语文课上合作学习内容相对较少。

三、最为活跃和忙碌的胡继海

这个四人小组中给我留下印象最深的不是组长，不是两位立功的男生，而是个头最小的胡继海。数学课上他虽然没有机会帮小组立功，但他几乎可以说是最响应老师的每一个号召的孩子，身体的转动最为勤快。同学的立功、小组的被加分，他都是最为欢欣雀跃的一个，也是在小组里主动与组长对题、互动最为频繁的一个。课间休息时，我发现他是班级的眼保健操巡视员，工作态度那叫一个认真，还近乎较真。由于座位的排列不方便走动，他几乎要挤着过去才能到达其他一些小组，提醒不做操的人。而且，为了考察一些人是否真的在做，他还蹲着、扭着身子，仔细看当事人是否做假动作，眼睛是否睁着。

另一个课间得到的关于他的细节是，我发现他在翻一本超级厚的书，遂借看了一下封面——《初中语文知识》，问其来历，他说是爸爸妈妈给他买的。于是，整个语文课堂上，胡继海几乎一直在抱着这本砖头一样的书，一直翻在固定的一页，我估计是有着《登飞来峰》的注释和解读的一页。看样子，他很得意于自己拥有这样的"红宝书"，尽管老师发现时，并不鼓励他使用这样的工具书，并一再提示"把参考书收起来，不是自己想出来的答案，还是很容易就忘记的"。

相比之下，语文课上胡继海的表现比数学课更踊跃一些，不仅老师的每一步讲解，他都摇头晃脑地有所反应，口中常常念念有词，而且，背诵的环节，他最为投入，主动地背给组长听，大概至少背了三遍，才顺利过关。另一个能证明他的语文课外知识相对丰富的证据是，老师问到李白那句"总为浮云能蔽日，长安不见使人愁"的写作背景时，他大声插嘴，说李白曾让高力士为自己脱靴。老师许诺，下节课要让胡来给大家讲讲高力士的故事，不管事后有没有实现这一许诺，我们可以看出，胡的那些课外"红宝书"是有一定作用的。他的学习劲头、小组荣誉感、班级岗位责任心，都让我由衷地喜欢这个学生。

四、故事诠释

观察两节课下来，一个活泼泼的四人小组在我的脑海中明晰起来。四个青春期前后的少男少女，男生相对要晚熟一些，看上去还有很多童真的痕迹。一个负责而低调的小组长（梁），一个努力地在提升自己的中等生（王），一个课堂表现不很稳定的语文学习困难生（夏），一个忙忙碌碌快快乐乐的活跃分子（胡），构成了蛮默契的小组，彼此之间没有明显的互帮互学关系，但，也没有明显的冲突（其他小组可能有）。无论是上语文课还是上数学课，小组内外已经形成了一些固定的合作规则，如语文的组内背诵制度、数学的组内批改与加分制度，孩子们也能迅速适应两种座位排列的学习方式（语文课回归了传统的秧田型座位）。简略地说，这四个孩子，数学课上忙得不亦乐乎，语文课上听得津津有味，经历了真实有效的近 90 分钟的学习历程，真的很不容易。

本文作者上海市浦东教育发展研究院王丽琴，相关研究人员有王丽琴、张娜、陈静静、郑新华、杨海燕、于冬梅及其他相关教师。

"组长"的故事

本学期听了十多节课，一部分是有主题课例研究的课，一部分是学校的展示课。小组合作是多数学生的学习方式之一，合作之中，充满故事。当观察员问："你们谁是组长？"总有一个孩子响亮地回答："我是组长"。

一、天生的组长10号

H中学预初班的体育课上，10号是组长，因为四人小组成纵列站队，站在最前面的就是组长。10号很负责地承担了组长的职责，比如对12号和13号错误动作的纠正——"手太僵硬了""球拍得太高了"，维持纪律时让他们"站好了"；对11号，也能够尽量容忍。站在他后面的11号是位特殊同学，据老师介绍该生属于随班就读，平时容易情绪化，他喜欢拿球打10号，但是10号就像什么都没发生过。12号身材较同龄孩子矮小很多，在体育课上有些吃亏，但她非常投入，和10号像非常好的朋友，他们配合默契，一个目视对方的眼睛，一个排球——练习不目视球的排球动作。10号和12号合作排球时，总是10号先，12号后，10号还要不断纠正12号的动作。当然谁先练，谁就练得多，12号永远作为两人中的第二。小组推选展示者时，10号推脱了一下，让11号去，11号让12号去，与大家都不大说话的13号仍不说话，最后还是10号代表去了。课后，我问10号："做多长时间的组长了？"他回答："几天。""组长的职责是什么？""指导和组织。""这是老师教的吗？""自己想的。"

真是一位天生的组长！能把聚集了三个特殊男孩的合作队伍组织起来，他实在功不可没。尤其是他和12号的关系较好，很自然地把团队里的游离者11号和13号牵引住，不让他们跑得太远。如果他能再像大哥一样，帮帮13号就更好了。

二、"我像爱因斯坦"

W实验小学四年级在上语文课《爱因斯坦和小女孩》，第八小组全是男孩子，组长是位特别聪明的小朋友，老师刚问过问题，他的小手就举起来了，而其他学生还在翻书找。观察员好奇地问他："找到了吗？"他马上回答："我找到了小女孩的爸爸兴奋地说，肯定是。"他多么会找课文中的关键词呀。他等了一会儿，老师还没叫他，其他同学都在看书，正好邻座的小胖墩请教他，他马上把书拿过来，给他讲。老师好像没看到他高高举起的手，他一直很急。在卡片上写"爱因斯坦是怎样的人"时，因为他没带记号笔，直接抢了小胖墩的，而小胖墩才酝酿好，刚想写第一个，他都已经写第三个了。他对桌在发言，老师问："哪位小朋友不同意他的观点？"他马上把手举得高高的，他的回答得到了老师的赞许，他美美地坐下了。

他是个特别容易兴奋的孩子，如果老师再多给他几次发言机会，他肯定会过于兴奋。当老师讲爱因斯坦的头非常有棱有角时，他马上对组员说："我像爱因斯坦，我的头也有棱角。"不但对组员说，他还对观察员重复说了一遍："老师，我像爱因斯坦，我的头也有棱角。"我说："是吗？"他马上把头伸过来，让我摸他的后脑，那里真有一个突出的"脑勺"。

聪明组长，在有余力时会毫不吝啬地帮助同学，他对自己充满了自信，总是学有余力，他属于课堂上吃不饱的学生。他很本能地去帮助别人，也很本能地把小胖墩的东西抢到手。小胖墩在讲故事环节，因为没有把故事背下来，被排到了最后，他刚要开口时，老师请大家向前看了。要是组长能对小胖墩再"多加照顾"，可能会改变一个人。

三、两个强势组长

W实验小学二年级上的语文课《要是你给老鼠吃饼干》。二年级的学生能合作吗？他们更自我、更坚持己见、更互不相让。四人小组都是学习最好的做组长，组长非常自信，四组和八组的两个小男生就是这样，而且有点像自负的"君主"，听不进"群臣"的任何建议。

四组在给图片排顺序环节，四组组长一边听着大家七嘴八舌，一边拿过已排好的图片，写下编号。他对面的小女孩也非常有主见，排好的图片都在她的桌上，组长已经写好了，她说："不对不对，应该是先照镜子再拿纸巾擦嘴。"于是把组长标的数字擦掉，自己重新标过。组长也不示弱，嘴里说着"就是先擦嘴，再照镜子"，又把图片抢过来，擦掉，再重新标上。另外一个小男生和一个小女生都呆呆地看着，没对这场争执发表自己的观点。对面的女孩气得撅起了小嘴：没办法呀，没抢过组长。找故事里的秘密地图，四个人都没找到，在上一场争执中充当旁观者的小男生，突然有了灵感："组成圆形就可以连起了。"正好老师在另一组也提醒学生将图片排成圆形。剩下的工作很简单了，把图片后面的双面胶撕掉，在大纸上贴成圆形。但这可不是简单的工作，考验小孩子的动手能力。果然，提议组成圆形的小男孩首先发现了如何把图片背面的不干胶撕掉，这回在上次争执中败下阵的小姑娘发挥女孩的优势了，她贴，男孩子们和另一个女孩撕不干胶。突然组长发现"贴倒了"，的确图片上的字都大头朝下了，她也没改，说"就这样好了"。因为时间紧迫，组长没有抢过去纠正她，终于一个圆贴好了。在写故事标题环节，组长再次强大起来，写字的蓝色信封，在孩子们手里轮了一圈，最后还是被组长抢去了，不管对面的女孩说什么，旁边的男孩说什么，组长旁若无人地写下了"要是你给小狗吃骨头"。

八组在给图片编号环节同样发生了四组的一幕，组员反对组长把对着镜子排在前面，但反对无效，组长按自己的观点写，谁让笔握在组长手里呢！在讲故事环节，合作中充当"小跟班"的男生说："小老鼠用钢笔签名。"组长厉声反驳："它怎么会用钢笔，是用笔。"该男生马上重复："小老鼠用笔签名。"观察员很纳闷，明明他说的是对的，为什么自己不反驳，其他组员也不反驳呢？还是大家已经对这个故事淡忘了，自己拿自己对照，自己不会用钢笔，小老鼠肯定不会。就像编序号环节出现的共同争议，大部分孩子都认为先照镜子再擦嘴是合理的。编故事名时，又是组长写，组长发言了，又被老师表扬了"你编的故事真精彩"。在同学讲故事时，他是否听到了钢笔，又是否能对不反驳的男生说"你是对的"。

二年级的小孩子，不善于从讨论中吸收和学习他人观点，这里学习最好兼霸道些的孩子容易成为小组中的独裁者。如果组员都像八组的小男孩那样无声地接受，小组学习恐怕只有遵循组长意志了。或者对低年级的小孩子而言，更适合采用动手协作的教学方法。

四、"我们组没有能干的组长"

W实验小学五年级的语文课《大江保卫战》。小组活动集中在背诵练习和集体展示环节，老师的要求是学生分工，说明分工原因，并注意段落中的"语气"。其他组的背诵声已经此起彼伏，十一组还在小声地讨论，最后组长建议先一齐背，再女生合背，男生合背。"具体背到哪？"组员问组长，个别交流下，又耽误了时间，结果没背上一遍，老师那边已经叫停了。上台展示的组好厉害，能说清楚分工的原因，而且头头是道。有两人合作可以相互提醒，有女生适合读这段，女生背得流利多背等等。一个小男孩卡壳了，但在老师的鼓励下终于完整地背出了。十一组却没有了展示的机会。有一个能干的组长多么重要呀，用现在时髦的话说，他能为团队亮相争取机会，为组员发展搭建平台。一个班级便是一个小小社会。

佐藤学认为，合作学习需要的是每一个人多样学习结果的相互碰撞，是每一个学生的平等参与，小组合作的真谛是保障所有学生都能有挑战性学习。在合作小组里设置组长，尤其是请学习成绩好、管理能力强的学生做组长，是许多教师的普遍做法。组长的作用是管理组员一起完成学习任务和代替老师对学习能力差的学生进行直接的帮教。然而，如何选择组长和发挥组长的作用是非常值得研究的问题。

强调外部竞争、合作学习任务设计和小组内部的不平等三个主要因素造成了小组学习中有个体学习而无合作学习的情况发生。强化外部竞争，把小组的成果置于个人学习成果之上，看似在促进合作，但现在的每个孩子都清楚个人利益至上；如果合作任务偏多而不是偏难，许多孩子自顾不暇，他又怎能放下自己的任务去关注同伴的提问呢？组内的不平等使学习能力低的孩子承担了最简单的任务，他又如何与挑战性任务建立起真正的联系呢？更可怕的是，还常常因学习能力低而被轻视，这样的孩子如何能够在以后的人生中建立起真正的自信呢？

　　本文作者上海市浦东教育发展研究院张娜，相关研究人员有张娜、陈静静、王丽琴、郑新华、杨海燕、于冬梅以及其他相关教师。

第六章

追求卓越的教师们

教师要做追求卓越的反思性实践者

不是任何一个具备学科知识的人都能做教师。除此，教师还要具备对不同教育情境的敏锐洞察力、即兴判断力和行动力，同时，还要不断地重新审视、认识自己，从而使自己的教学实践日臻完善。佐藤学认为，从这个意义上讲，教师是追求卓越的反思性实践者。

一、教师职业的专业性辨析

对教师专业能力的认识有两种倾向：一种是将教师等同于现代所确立的其他以专业领域的基础科学和应用科学为支撑的专门职业（例如医生、律师），认为教师工作的依据就是教学论、心理学与教育技术，教师就是这些原理与技术的熟练应用者；另一种是将教师职业视为在复杂的情境中解决问题的文化的、社会的实践，教师的专业能力体现在参与问题情境、同儿童形成活跃的关系，体现在基于反思与推敲而提炼问题、选择解决策略的实践性智慧。教师就是以经验的反思为基础的、面向儿童创造有价值的某种经验的"反思性实践家"。[①] 佐藤学教授坚决支持后一种观点，即教师的专业性来自对教育教学复杂情境的了解、掌控，教师工作是文化的、社会的、伦理的，没有任何工作的复杂性能够与之匹敌，教师就是"反思性实践家"。

但是，与一般的职业不同，教师的工作领域具有自己的特征——回归性、不确定性和无边界性。做过教师特别是班主任的人都知道，教师的工作可谓是千头万绪，每位教师几乎都是"千手观音"。每一个学生的学习基础都有差异，擅长的学科都不一样，性格都不相同，家庭成长环境更是各不相同，如

---

① ［日］佐藤学著.课程与教师［M］.钟启泉译.北京:教育科学出版社，2003:239—240.

果班级里有一两个爱调皮的小鬼，教师更要格外地操心。有人把教师职业看成是为他人的成长而操心的工作，每一位教师都希望自己的这些学生能够平安、健康、以最快的速度成长起来，害怕他们因为自己的失误而被耽误。同时，教师也不确定自己的方法是否是正确的，至少不能肯定对这个学生是否有效。对于教师来说，没有一件事情是做得最完美的，即使是上了一节很好的课，教师获得的也只是片刻的喜悦，因为每一节课都是一个遗憾，而教师们就是在一次次的遗憾中接受自己、否定自己并再次迎接挑战的。学生成长的不可复制性、时间的紧迫性、环境的复杂性以及孤身作战的不确定性都使教师如坐针毡，无法平静。佐藤学教授认为，教育实践绝不是完美无缺的，从某种观点来看是出色的，而从别的观点看却有致命的弱点。教育实践的这种价值的多义性与责任的"回归性"，使教师常常处于孤独与焦虑之中。以课堂为圆心的同心圆决定了教师的工作领域，他们在这个既狭小又广大的领域中一显身手，同时内心充满了各种各样的矛盾和困惑。而这种回归性、不确定性和无边界性在对教师提出了挑战的同时，也为教师提供了自我反思和自我磨砺的空间。

二、教师专业智慧的体现：实践性知识

佐藤学教授认为，教师工作的特殊之处在于它是一种反思性实践。教师在与学生互动的过程中进行着持续的思考，这种思考不仅是基于教材内容或者知识要点，而且是基于对学生、教材、教学情境的反思。他认为教师应该具备反思性实践家所独有的实践性知识（practical knowledge），这种知识不同于"理论性知识"，其特质主要表现为：其一，"实践性知识"是依存于有限语境的经验性知识，虽然缺乏严密性，但却是丰富而灵动的功能性知识；其二，教师的"实践性知识"是特定的教师在特定的课堂，以特定的教材、特定的儿童为对象形成的知识，并以"案例知识"的形式加以累积；其三，教师的"实践性知识"具有综合性，它有意识地整合了各个学科和门类的知识；其四，教师的"实践性知识"是在无意识中发挥作用的"默会知识"；最后，

教师的"实践性知识"具有个人性质，是基于每个教师的个性经验与反思而形成的，这种经验的传承也是以接受者的实践经验的丰富为基础的。[①]通过大量的课堂参与以及与教师的广泛接触，我深刻地感受到教师本身所蕴含的巨大能量，他们的头脑中拥有着不同于专家，甚至不同于其他教师的丰富的知识，这种复杂的、综合的知识中的一部分可以通过教师的言说、教学故事等表达出来，但是更多的时候，它却存在于教师的教学行动中，存在于教师的举手投足中，存在于教师与学生的互动中，存在于教师对教学内容的选择中，存在于教师的每一个细小的课堂设计中，存在于教师的每一个不经意的判断中。从这个意义上说，每位教师都是博学、智慧的存在，他们所拥有的正是多年来教学研究和教师教育一直在寻找、但是又不曾真正领会的实践性知识，因为它是与教师多年的生活史相联系的，带有教师自身的独特风格，也保持着某个教学场景特定的气息。这种知识不是通过简单的学科学习，教育学、心理学的培训所能够达成的，也不是教育研究者的理论思辨所能够触及和理解的，但它却是教师之所以成为教师的根本。

与理论知识相比，实践性知识遵循的是一种实践的逻辑，它是以"怎样去做"为目标的，是教师自身的生活经验和教学经历的产物，它虽然不能获得真理性的认知结果，但却无时无刻不在指导着教师的日常教学行动。可以说，这是一种与教师的身心相结合的、决定着教师的临场教学表现的知识。从这个意义上说，教师创造了丰富多样的知识，他们的知识伴随着"精彩观念的诞生"，他们的知识促进着学生的成长。

三、教师：在两难中追求卓越

正是由于教师的工作是一种反思性实践，也正是由于教师总是面临着变动不居的教育情境、学生、课程、教材、社会文化环境，与其他职业相比，教师面临着更多两难的选择，他们几乎每天都生活在困惑、判断、选择的循

[①] ［日］佐藤学著. 课程与教师［M］. 钟启泉译. 北京：教育科学出版社，2003：370.

环之中。

我曾有幸与一位年轻的教师共同工作过一年的时间，第一次见到她时，我就被她微笑的眼睛所吸引。作为一个教育研究者，我敏锐地感觉到她和蔼的态度、乐观的精神会使她的课堂魅力十足，后来的听课也印证了我的判断。虽然是一位新教师，但是她对教学内容的领会、教学方法的选择却十分到位，对学生也富有耐心和关心。正当我为这样一个优秀教师的诞生而感到欣喜的时候，却猛然发现这位老师甜美的笑容竟然消失了——仅仅用了半年时间，这位曾经和颜悦色、脸上挂满微笑的教师开始对学生厉声斥责！我的心不由得抽紧了，虽然这位教师的课已经越来越纯熟，甚至成为年轻教师当中的佼佼者，常常要承担开公开课的重任，但我却为这种惊人的变化所震撼。一次，我们聊了起来，她向我诉说了自己的苦闷：每天的压力实在是太大了，晚上备课要到半夜，每天有四节课的工作量，因为是班主任，还要应对让人头疼的纪律问题，而这些学生每天都不闲着，总是在惹事，每分钟都不得清闲，心累。

通过与她的谈话，我了解了这位教师惊人变化背后的故事，同时也更深刻地体会到了教师的两难处境。因为对某一方面的强调或多或少都会弱化另一方面，在抓好成绩和给学生更多自由之间，在管好纪律和保护学生自尊心之间，在无休止的工作和自己的闲暇之间，在自己的教育理想和现实环境之间，似乎总是存在着一种难以两全的艰难抉择。这种选择并不会随着任教时间的延长而找到最佳的解决方案，相反，即使教龄不断增长，教学能力不断提升，不同的境遇也总会需要教师不断地反思这种选择的合理性和另一种选择的可能性。我与很多老师的对话都会涉及这个问题，年轻教师更多的是问怎么办，而资深教师则往往在为自己的某些选择诉说不满或自责，这种矛盾的心理与对教学成绩的满足感同时存在。

一位50多岁的女教师曾经不无遗憾地说起她曾经因为顾及自己的面子而批评学生的事情。她说，如果再给我一次机会，我一定不会这样做的，虽然这件事情已经过去了20年；一位功成名就的校长因为自己没有处理好一个学生的违纪问题致使学生辍学而感到自责，每每说起这件事都是泪流满面；一位教师说起自己曾经很赏识的几位优秀学生考上名牌大学后却精神萎靡时，不禁感叹道："难道我的教育方法真的有问题吗？"

与从事一般生产行业的人不同，教师面对的不是一个个零部件，而是有着各种潜在可能性的人，教师的良知和专业性使他或她不但要为学生的现在负责，还要情不自禁地为学生的未来操心，虽然这可能并不在他们的工作范畴之内。

教师的工作总是面临着知识、情感、伦理等多方面的抉择，这种特性给教师带来心理负荷的同时，也成为教师不断自我反思、追求卓越的原动力。套用一句广告语，教师的工作没有最好，只有更好。一节课留下的遗憾，对一个学生不经意的伤害，一种教育方式的失败，一种教学方法的不适用，与家长沟通中不愉快的经历，都会成为下一次工作的借鉴和经验。这种实践性智慧弥足珍贵，这种智慧也只有经过千百次的实际操作，才能够得到验证。就如同人不可能再踏入同一条河流一样，一个教师也不可能教相同的学生、相同的课，只有通过无数次的实践得到的珍贵实践性智慧，才能够引导教师不断地超越自我。从这个意义上讲，每一位教师都具备追求卓越的动机和能力。对自己目前状态的不满，对学生发展可能性的挖掘，对教育资源的拓宽，对自己教学能力的磨砺，这些都是教师们追求卓越的表现，也正是如此，我们学校教育的品质才能得到不断的提升。

本文作者陈静静

关怀型教师是怎样炼成的

——诺丁斯"关怀伦理"对教师专业成长的启示

"学习共同体"的创建，合作学习的课堂建设对教师的专业能力提出了新的挑战。经过多年的观察，笔者发现合作学习的课堂最需要的就是关怀型教师，善于倾听，善于回应学生的需求，善于创设互信互助的学习氛围，他们并不急于揠苗助长，而是相信学生的力量，静静地守护学生的成长。

一、"关怀型"教师的隐喻：榕树与港湾

有时候我们不禁会问：到底什么样的老师才是最好的、最理想的？我也曾经为这个问题所困扰。但是与老师接触越多就越发现，每一位老师都有自己的特质：有些老师知识广博，讲起课来旁征博引，让听者如沐春风；有些老师思维敏捷，任何难题在他那里都是可解的，而且可能还是多解的；有些老师风趣幽默，再枯燥的内容也可以令人忍俊不禁；有些老师严谨认真，做每件事情都井井有条、沉稳有序。每一位老师都有一些特质令人难忘和钦佩。

每位教师的性格特点和教学风格虽然有差异，但是总有这样一类教师，他们并不太发声，演讲可能并不是他们的长项，在"靠嘴"吃饭的职业中显得并不出类拔萃。但是当你走进他的课堂你就会发现他的用心：班级里或许是朴素的，没有什么装饰，但是却有着一种温暖的感觉，或者可以把它叫作浓浓的"人情味"；学生并不一定很活跃，但是不慌不忙、自自然然；课上感觉不到竞争激烈的"火药味"和"怒其不争"的紧迫感，时间如同溪流一样从每个人身边静静划过，学生们安静而沉稳地投入学习状态。那样的课堂有一种魔力，虽然平静，却深深地吸引着每个孩子的注意力。

这样老师往往也是普普通通、自然而然的，就如同一棵树，是的，是一棵榕树吧。学生就如同快乐的小鸟，在榕树上筑巢，在树上唱歌、捕食，享受每一米阳光。这样的课堂就是单纯而美好的地方，每个孩子都能找到一个安全而温暖的港湾。孩子愿意在这个"家"里尽可能多待上一会儿，因为那里有自己喜欢的朋友，有别人好奇的知识，当然还有一个可亲可爱的老师。如果你曾经遇到过如同榕树一样的老师和班级，你会感到幸运和愉快，如果您恰好就是这样一位老师的话，您将为孩子们的一生带来幸福的回忆。我也不知道怎样为这些老师命名，我们暂且将他们叫作"关怀型"教师吧。

二、"关怀型"教师的形象特征

"关怀型"的教师到底是什么样的？如果要我来给这类教师画一幅像的话，可能并不容易，但是如果问：你认为谁是关怀型的教师？我想你的头脑中一定会浮现出一个个清晰的影像，或许是你曾经的师长，也或许是你所结识过的从事教师行业的人，又或许是你曾经看过的影视作品中出现的教师形象。

"关怀"几乎可以说是每一位教师都具备的品质，美国教育家诺丁斯将"关怀"称之为"全身心投入"的一种状态，这样的老师在精神上有某种责任感，对某事或某人总是操心和牵挂，愿意对某事或某人负责，保护其利益，关心其发展。这种"操心"和"牵挂"既可以是一种"自然关怀"，也可以是一种"伦理关怀"。对父母、子女等这种与生俱来的、有血缘关系的人心存牵挂，这是自然的关怀；而师生之间这种建立在职业基础上的，出于对学生发展负责的责任心而建立起来的关怀则可以被称之为"伦理关怀"。

"关怀型"教师虽然也各有特点，但是有一点是共通的，即他们更加容易站在对方的角度上去思考，尽可能走进学生的心灵，知道他们在想什么，知道他们需要什么，知道什么时候给予帮助、什么时候递根拐杖、什么时候站在一旁等着孩子自己爬起来和走出来；他们虽然也会有个人的偏好，但是幸运的是，他们不会对不优秀的孩子表现出任何不满，而是在努力发现他们的独特之处；当学生之间产生矛盾时，他们不会去袒护人，也不会把事情闹大，而是用两个人都可以接受的方式化干戈为玉帛，毕竟在他们看来学生能够成为朋友才是最重要的；当学生遇到问题没搞清楚的时候，他们不会仅仅为了追赶进度而对学生的疑问置之不理，即便是耽误一点时间，也要让学生的求知欲和自尊心得到满足；在他们看来，与学生在一起的时光就是最值得珍惜的，学生的每一点进步都弥足珍贵，无论是成绩上的还是其他方面的，他们珍视学生的点滴进步，为每个孩子的成长加油、点赞。

概括起来，"关怀型"教师关注人与人之间的平等，他了解获得平等的机会对孩子们来说是多么的重要，即便是在谁来回答问题的小事情上，他也明确知道这是教给孩子"公平与平等"的"教育时机"；"关怀型"教师注重保护学生的意愿和动机，尽可能不去伤害他们的自尊心和好奇心，并采用一种不留痕迹的方式去引导；"关怀型"教师注重学生的学习和发展过程，他清楚地知道每个人是不同的，而用同样的方法去要求和评价他们是残忍的，因此他会照顾到每个孩子的步调和特长；"关怀型"教师富有同情心和同理心，他们对弱势的孩子会多花一点心思，让他们感受到更多的温暖，让孩子不会因为缺少关爱的浇灌而干涸了希望和勇气。

在"关怀型"老师那里，学生们感到前所未有的安全，他们可以对老师敞开心扉，即使是不愿意同家长说的小秘密，他们都愿意找老师分享；在课堂上，学生可以安心地问问题，说出自己的心里话，而不必害怕老师的责罚，即便是成绩不好，也不用为自己的"无知"尴尬；在这样的班级里，每个孩子都能找到自己的位置和舞台，谁都可以走到台前来，昂着头说"这次看我的"；在这样的班级里，没有"好生"或"差生"，没有挤兑和嘲笑，不必害怕，不用自卑，所有人都是平等的，都受到老师的关注与关爱。对于这些学生来说，学校生活都是如此单纯而美好，这种平等、友爱、谦和、宽容的种子已经在孩子们心上扎根，无论遇到什么困难和挫折，他们都能正确地评估自己，勇敢地面对挑战，即使现实再黑暗，他们眼中也会闪烁希望和幸福的光，这就是"关怀型"教师的力量。

三、"关怀型"教师的修炼与养成

诺丁斯还强调："关怀"是教师职业的基本特点，一个人进入教师职业，首先就要进入关怀关系，关怀先于、重于做事和职业技能，这是教师与其他职业最大的区别。教师在与学生建立起来的关怀关系中，必须开放的、非选择性的、不怀功利目的地接纳学生，设身处地为学生的发展性需要着想，通过"动机移植"把学生当作自己，运用自己的动机力量为学生服务。

但一项师德调查表明，学生普遍认为教师最重要的品质是关怀，而且大部分学生认为自己感受不到老师的关怀，但是所有的老师都认为自己是关怀学生的。那么，也就说明教师对学生给予的关怀与学生的需求之间还是存在落差的，很多老师还并不清楚学生到底需要什么，也不太清楚自己怎样做才是真正对学生好。同时，这也说明虽然每一位教师都会抱着"关怀"的主观意愿投入工作，但要成为"关怀型"的教师却是需要天生禀赋与后天修炼的。

1.平等对话，认真了解与体会每位学生的内心需求

在诺丁斯看来，"对话是双方共同追求理解、同情和欣赏的过程。对话可以是轻松的，也可以是严肃的；可以富于逻辑性，也可以充满想象力；可以偏重结果，也可以着重过程。但是对话永远应该是一种真正探索，人们一起探寻一个在开始时并不知道的答案"[①]。"对话"之所以不同于一般的言语交流，是因为双方是平等的，不因为双方是师生关系就给予教师特别的权威地位，即不是给出现成答案，也不是把结论强加给对方，而是双方就一个共同的话题来进行协商，一起对所有的可能性进行探讨。其中需要彼此心灵的接近和成长，这个过程或许会比较缓慢，这个时候教师就要善于等待，善于观察，善于倾听，不但用语言去理解，更用情感去理解，用行动去理解。当学生感受到老师这种设

---

① [美]内尔·诺丁斯著.学会关心——教育的另一种模式 [M].于天龙译.北京：教育科学出版社，2003：33.

身处地的理解时，才会对老师产生信任。

诺丁斯认为，"对话"在学习如何创造并维持亲密的关怀关系中，是基本而重要的。然而在教室中鲜有真正的对话，大部分是老师问学生回答，然后是老师评价的刻板授课过程。如果正式课程无法安排对话，老师也要去制造别的对话机会，学生每天应至少有一段和成人对话或互相探索的时光。在"对话"中，学生可以自然地学得每日的人际推理——沟通、决定、分享、妥协、互相支持等关怀情意的开放与承诺，而不只是道德判断和阶段的提升。在对话中，关怀者应该教导学生如何接纳感情，主要是通过老师的开放和坦诚，打开学生接纳自我的胸怀。同时也要增长师生相处的时间，以利于深度对话的发生。

通过对话，"关怀型"教师可以更好地了解学生的真实需求，而不是被强加的或者被伪装的需求。他们善于采用一种双重观点——既包括"学生需求"也包括"教师需求"。只有将这两方面结合起来，特别是将学生的观点包容进去，将教师的期望融入学生的学习动机中去，才会产生真实的"关怀"与"被关怀"的关系。为什么在现实生活中很多老师认为自己是关心学生的，但是学生却难以感受到呢？很大程度上来源于关心者并没有体会到被关心者的真正需求，从而形成一种错位关怀。比如，对于学业较差的学生，教师往往关注的是其学业成绩的迅速提高，而这只会加剧他们的焦虑；对于学业较好的学生，教师又往往给予过多态度上的褒奖，而忽视其学术潜力。这种错位的关怀当然得不到"被关怀者"的正向反馈。只有充分考虑到每个学生的个性、兴趣、能力、情感方面因素，从而为他们提供相应的关怀方式才会起到事半功倍的效果。正如诺丁斯所说："每一个人都需要一个适合于自己特殊能力和兴趣的课程，这个课程能够使他们相信，世界上有很多种可敬和令人满意的生活方式。他们需要机会成功，在他们的教师相信有价值的人生领域取得成功。这些需要对所有孩子而言都是重要的。"①

---

① ［美］内尔·诺丁斯著.学会关心——教育的另一种模式［M］.于天龙译.北京：教育科学出版社，2003：42—43.

2. 从真实工作情境中去总结与反思，提升自己的关怀能力

关怀是一种能力，要给予学生恰到好处的关怀并不容易，而是需要不断去修炼的，关怀显然不是一种技能、技巧，但是确实需要人不断自我反思，就如同人的意志品质一样需要砥砺和打磨，需要在行动中去学习，在与学生共处、对话、反馈、改进的过程中去提升。

所有人在本质上都具备"自然关怀"的能力，这是建立亲缘关系的基础。要将这种"自然关怀"的能力转化为师生之间的"伦理关怀"就需要理解他人、由己及人的同理心，能够从他人的痛苦、难过、无助，甚至冷漠、无理当中看到他内心的真实感受，并尽可能地去关注和理解，从而形成心灵相通的互信关系。另外，要考虑从全面的角度思考学生的兴趣、爱好和福祉，尽可能采用一种无痕却有效的方式对学生进行积极的引导。"关怀型"的教师会考虑自己想成为什么类型的人和作为教师应该如何帮助学生实现他们的生活目标。他们对学生的关心不是局限于学生的成绩，而是对学生生活的所有方面都充满兴趣，包括学生的个人追求、学生关心的事情以及对未来的憧憬和梦想。他们的工作就是了解学生的实际情况，以便尽可能给予他们最佳关怀。最终师生之间的"伦理关怀"变得像"自然关怀"一样，成为一种自然反应和习惯性行为。在这种反思中，反思的质量将主要取决于教师的同情能力——一种对学生发展命运高度关注所产生的伟大责任感。伴随关怀范围的不断扩展，个体的关怀能力也得到不断提升。

结　语

当然，教师是关怀行为的给予者，同时也应该得到相应的关怀，因为对多数人来说，关怀的能力是在实践情境中学到的。人们得到了周围环境的认可、礼遇和优待，必然产生幸福感，并在自己的生活中去努力践行；相反，如果一个人积极付出，尽一切可能为他人提供服务和帮助，却得不到正向的反馈和回报，也会挫伤其积极性从而使"关怀"行为减弱。因此，学校应该

为教师创设以人为本的工作环境，倡导同僚之间的相互关怀，对教师的日常生活和专业成长给予更多的关注，形成"关怀型"的工作场景，给"关怀型"教师更多的鼓励和支持，从而形成"关怀型"的学校文化和课堂氛围，这样无论是学生群体还是教师本身都会受益良多，毕竟，具有"关怀"的能力就是在为孩子们未来的幸福奠基！

本文作者陈静静

找到自己的安身立命之所

——浅谈教师如何做科研

对于多数教师来说，做教育科研的确不是件容易的事情。在与老师们交流怎样做科研或者写科研论文的时候，一些在教育教学方面经验丰富的老师竟然也是一筹莫展，不知道如何下手。"我一看到理论就头疼""最近的热点问题是什么，给我提示一下呗""我写作水平不高，不擅长写论文"，从老师们的抱怨或者疑问当中，可以看到教师在做教育科研过程中有几个误区：一是认为教育科研就是理论建构，抽象的理论是教师们难以企及的；二是认为研究的问题应该来源于外界，只有当下热点，才具有研究的价值；三是认为做科研就是写论文，文笔好的人才适合做科研。这几种观点在教师当中具有一定的认同度，也成为教师开展教育科研的拦路虎。这些问题归结起来最本质、最核心的问题就是："我是谁，我以何安身立命"的问题。回答了这个问题，这些误区就可以一一化解。

一、在研究领域：我们是主人还是客人？

对于多数教师来说，"教学"是最主要的工作，熟悉教材、备课、上课、批改作业，这样按部就班，周而复始。教师们驾轻就熟，如鱼得水，逐渐成为教育实践的主人，具有发言权，也具有自信力。但是教育实践的主人们却成为研究领域的客人。即便是积累了一些思想心得也不知道该如何形成课题或者成果。我开始接触科研的时候，心情极为不安，一心想着"'他'或者'他们'在研究什么"，或者"现在的热点问题是什么"，但是后来我慢慢发现再焦虑也没有用，专家研究的，我始终一知半解，更不要说参与研究；热点问题变动太快，刚刚整理了一点资料或有了一点思考，又被新的热点所取代。

我好像一直在追着别人的脚步，虽然我用尽了全身的力气还是一无所获。在亦步亦趋中走向迷失——

经过了这么多年的摸爬滚打，我对当时的心境进行了重新解读，逐渐认识到不是世界变化快，而是没有找到"自我"。我们对"他"或"他们"过于敬畏，所以忽视了"我"和"我们"的存在。我们把教育科研看作一个神殿，里面都是神，只有我自己是凡人，所以我惊恐，不敢"登堂入室"，我在门外怯生生地徘徊，想要进去，却不敢进去。经过了那么多年，我现在从容了许多，我觉得教育科研实际上是一块园地，我们的脚就踩在这片地上，我们是这片园地的主人，对这片土地我们最有发言权。那个神殿是我们用自己的卑微构筑起来的，它的门是虚掩着的，并没有上锁，我们在自己的心灵上围了一堵墙而已。这片园地就是我们的安身立命之所。

在与一些教育研究者进行交流的过程中，我发现了一个问题：真正在做研究的人，不是追随他人，而是安于"自我"，他们如同一棵根系发达的树不断地枝繁叶茂，而这个根系就是他们的生命经历、思考所带来的自信。我现在越来越明白：越是与自己的生命经验相结合的东西，就越具有核心竞争力，因为"我"的研究是别人做不来的；越是与自我的生命经验相结合的东西，就越会引发持久的研究思考，问题没有解决，研究必须要继续。佐藤学用几十年的时间去研究和践行"学习共同体"，诺丁斯一直致力于女性主义和关怀伦理的研究，派纳专攻课程史等等，他们一直在自己的研究领域沉浸着、耕耘着，也收获着。教育科研就是要做自己想做的，与自己的生命和生活息息相关的东西，做研究的同时也是在解决自己的困惑，不断摸索自己前进的方向。

二、我们的思想和实践将在何处安放？

2012 年莫言在诺贝尔颁奖典礼上的演讲给了我启示，我不是文学爱好者，更不会因为他得了诺贝尔文学奖而加以追捧，我只是觉得他讲述的写作经历确实是真实的，我也深有同感。莫言是山东高密东北乡的农村小伙，从小生活贫困，几乎没有接受过什么正规教育，每天以放牧牛羊为生。他喜欢说话，喜欢讲故事，在文学大潮涌来的时候，他也想通过写作改变自己的命运，他学着别人写点英雄事迹、好人好事，这些文字也曾经在一些小报上发表过，然后就被遗忘，没有办法持续下去。这个农村青年用自己不熟悉的语言，写着自己不了解的事情，一知半解，不深刻、没感情是一定的，想必这样的作品也难以去打动别人，也说服不了自己。

后来，莫言之所以走出了自己的一片天地，得益于他对自己的重新审视和思考，对"我是谁"的思考成了他的救命稻草。他说：在《秋水》这篇小说里，第一次出现了"高密东北乡"这个字眼，从此，就如同一个四处游荡的农民有了一片土地，我这样一个文学的流浪汉，终于有了一个可以安身立命的场所。我该干的事情其实很简单，那就是用自己的方式，讲自己的故事。我的方式，就是我所熟知的集市说书人的方式，就是我的爷爷奶奶、村里的老人们讲故事的方式。我自己的故事，起初就是我的亲身经历。

安身立命之所，对一个人是多么重要，没有这个地方，我们的思想就无处安放。我们的安身立命之所在哪里？就是我们的生命经验。我们的灵感之光来自哪里？来自我们的生命经验——对让自己伤过、痛过、后悔过、不平过、窃喜过的"关键性事件"的捕捉。捕捉到就不要放过，要持续思考。加倍地重视、珍惜自己的思考，尽管他们并不完美，但却因为真实而产生了价值。如鲠在喉，就要言说；希望分享，就要记录、创作。这就需要我们时刻保持对教育、对生活的敏感性，保持对社会、对教育、对学生的感知的能力、痛的能力和暖的能力。没有痛心、没有不平、没有温暖，也就不会有写作的欲望和冲动，因为无论是哪种写作，即便是论文，最初的起点也应该是对"自我"的触动。教育毕竟是研究人的，是一群有血、有肉、有丰富情感和内心世界的人，如果没有人，没有对人的感知、同情、共鸣，研究也就失去了动力和价值。

三、我们的研究重心在"教育现场"

有老师认为：每天的生活就是备课、上课，周而复始，波澜不惊，生活平淡到没有任何涟漪，研究更是无从谈起了。其实对于我们每一位老师来说，每天上课的过程，备课的过程，反思的过程，与学生、家长和同事交流的过程都可以成为素材。保持对日常生活的敏感度，就能保持写作的热情。正如莫言在演讲中说的："我那时并没有意识到我二十多年的农村生活经验是文学的富矿"。我们也还没有意识到我们就生活在一个教育研究的富矿上，只要肯挖掘，就会有收获。我建议教师们可以从以下几个方面入手进行"教育现场"的研究。

1. 从教学改进到课例研究

教学应该说是老师们最为得心应手的事情，但是很多人并不知道自己每天都在进行的、看似平凡的教学活动可以成为科研的重要载体。实际上，教育学领域中实践取向的研究常常都是以"课堂"为核心的，走进课堂，通过对课堂的观察、分析、研讨来改进教学，学习实践智慧，无论对研究者来说，还是对任课教师来说都是最为直接、最为有效、最为真实的研究路径。当很多老师还在为"不知研究些什么"而发愁的时候，却没有想到自己一直拥有着最为得天独厚的研究资源。

每天的教学是否可以直接转化成研究资料？答案是当然可以。每位老师对教学材料的独特解读，对所教班级学生学情的了解，对教学过程的独特安排，对学生学习过程的观察和把握，课后的反思与改进等等都可以成为研究内容。这需要的是教师要做个有心人，只要是认真地对自己的教学内容、学生情况、教学方法进行过细致思考的，都会从中找到研究的切入点。有经验的教师或者经过科研培训的教师完全可以自行操作。

F小学傅维老师是一个教学能手，在教学方面积累了丰富的经验。但是在科研方面一直找不到头绪。我们在与她交流的过程中了解到傅老师正在尝试用"翻转课堂"的方式进行教学，在最初尝试的时候遇到了一些问题，现在已经比较熟练，越来越顺手，但同时还是有一些瓶颈问题没有解决。于是我们建议她对每一次教学的详细情况进行叙述，把教案、教学过程、研讨分析、改进等各个部分都列出来。傅老师整整列了10页纸。傅老师在此基础上进行分析整理，形成了论文《小学数学学科"翻转课堂"的应用与思考——以沪版三年级〈三位数被一位数除〉为例》，文中对她在这一课中采用的"翻转课堂"的过程与方法进行了详细分析，并提出了合理化建议。这篇论文公开发表以后，对傅老师起到了极大的激励作用，让她感到教育科研并不是遥不可及，而是需要在日常的教学中做个有心人。现在她正在自觉地进行教学改进研究，并有意识地训练自己对教学进行详细记录，在教育科研方面走出了扎实的一步。

傅维老师的故事是一位优秀教师自觉进行科研探索的实例。如果教师们能够将这种研究工作深入下去，就可以进行课例研究。与教师的独立探索不同，课例研究更加强调团队的作用，课例研究的成员一般是由任课教师、同事以及研究者组成。

同时课例研究更加具有规范性，比如研究主题的确定、课堂观察和记录的方法、课后研讨的操作以及课例研究报告的撰写等等。课例研究中参与人员的广泛性、操作方法的规范性都会为任课教师拓宽思路，提供新的研究视角、观察角度和改进建议，这些对于教师的教学改进、加深教师对专业的理解、提升教师的专业素养大有裨益。现在我们所做的课例研究比较突出"以学生学习为核心的课堂观察与研讨"，对于很多任课老师来说，这是一个新的思路。从学生的学习状态出发，老师们可以更加清楚地看到自己教学过程中的问题，而且在教学改进中也更加注重对儿童学习的考量，如怎样的教学设计能够提升学生的学习兴趣，如何让更多的学生参与讨论并有所收获，如何让学习困难的学生找到突破口，等等，这其实正是教师在采用专业的视角进行实践性研究。曹哲晖老师、潘清老师、吕立晨老师、袁晓雯老师、薛晨老师等都在课例研究的过程中找到了自己的突破口，也逐渐建立了专业自信。这种立足自身专业经验的研究，不但可以解决教师教学当中遇到的问题，更是激发教师对教学内部深层次问题的思考，这种专业性的思考和实践性知识正是教师专业发展的智力基础。

2. 从个案追踪到儿童研究

除了学科教学之外，一线教师还可以在儿童研究方面大显身手。教师专业性最本质的特点就是"为儿童的成长操心"。研究人员每次走进课堂的时候总会特别关注一两个孩子，他们可能是学习的佼佼者也可能是学习最为薄弱者，可能是性格自信外向者也可能是过于消极内向者，不一而足。而对于任课教师们来说，每一次与孩子们在一起，更应该了解他们的背景、兴趣、性格、爱好、朋友圈等等。佐藤学经常强调"教学的成功三成来自技术技巧，七成来自对学生的倾听与尊重"。一位好的教师必然是与孩子打交道的高手，教师的专业能力高低与学科知识水平并没有绝对的相关性，却与对儿童的了解与认知高度相关。无论是对教学内容的选择，还是课外活动的设计，抑或是对学生的训育，都是与是否关心学生、了解学生密切相关的。

我们可以看到一种现象，班主任一般也是教学的能手，特别是对自己班级的教学更是得心应手。我们在进行"合作学习"的研究过程中也发现，在同等条件下，任课老师如果是班主任，则能更快地让合作学习走上正轨。班主任在长期的工作中对学生的各个方面都了如指掌，所以在教学当中遇到任何问题都能够快速作出判断，并随即调整教学策略。如果对孩子情况不了解，一旦出现问题，则会摸不着头脑，找不到症结，也就更加找不到出路。从某种程度上说，与孩子们关系越密切，对孩子们越了解，教育教学就越有效。

我们在与青年教师交流的过程中了解到，目前很多青年教师在"与孩子打交道"方面还存在一定的困难，这使他们在教学方面难以得到大幅度的提升。我们的建议是：多花点时间在了解孩子这件事情上，这应该成为备课的一部分，也应该成为教师们研究的一部分。一位小学语文老师薛晨，他同时也兼任学校的心理健康教育老师。他在教学过程中遇到一位学困生兵兵（化名），出于专业的敏感性，他对兵兵的情况进行了为期一年的跟踪研究，通过谈心、家访等方式了解到单身家庭、父母关系破裂对孩子心理影响极大，兵兵在课堂上的冷淡是对父母和老师的无声反抗。薛老师在对兵兵的个案追踪过程中留下了详尽的资料，并与我商量这可否成为进行研究的课题。我的回答是"当然可以，而且非常有意义"。学困生是很多老师最为头疼的一个群体，他们最需要帮助，但是多数老师却束手无策。这些孩子学习困难并不单单是认知能力上的问题，很多时候包含着复杂的社会、心理因素，如果能够把这些问题探讨清楚，将会对教育教学起到很大的正向推动作用。

学界对儿童的研究还是比较单薄的，"儿童心理学"或"儿童学"的研究成果不太多，能够为一线教师解决问题的研究更是寥寥。在这个方面，教师拥有得天独厚的优势，但是却也往往被忽略。我在日本访学的时候发现，日本的中小学教师对学生极为了解。在学校听课的时候，老师会在课前详细地介绍班级里每个孩子的特点，并会根据这些学生的特点对教学过程中可能出现的问题进行预测，也就是说在教学之前，老师对学生们可能的反应已经成竹在胸了，这样的课堂才是真正"目中有人"的，这样的教学自然能够引起学生的兴趣。在"儿童研究"这个方面，我们的一线教师确实大有可为。

找到与自己的生活密切相关的研究课题，会使自己的专业研究生活更加充实，也更加具有方向感。每一天都不是昨天简单的累加，我们的经验会因为经过反思的发酵而成倍增长。有人说：一个人在一个领域做 5 年就是这个领域的能手，做 10 年就是专家，做 15 年就是走在最前沿的人。但是我认为一个善于思考、善于研究的人的专业进化速度会更快。

从我个人来说，"课堂教学"与"教师研究"一直是我最为关注的，也是我最为投入的。这些年来风餐露宿不计报酬与学校老师交流、研讨，一起为了孩子的成长而努力，为老师的困扰而烦恼，为孩子的困惑而难过，我之所以一直乐此不疲，正是因为我找到了自己的安身立命之地，这里给了我太多的感动和感触；因为这是我真正所爱，我将根系深深地扎进土壤，在学校的沃土中吸收营养，同时也为这片土地贡献着绿荫。我对教育科研的认识成熟的过程，也是自我救赎的过程。教育科研是一种人格的独立，思考的独立，是自我完善的过程，也是自我生命的写照，这让我在惶惶然中找到自己，我们在这里出发，沿着光亮，满怀幸福地向前走。

本文作者陈静静

宁静的革命：启动的勇气与坚守的信念

——再读佐藤学的《学校见闻录》

改革从来是一项艰苦卓绝的事业，教育改革更是牵一发而动全身的系统工程，没有现成的路线图，也没有直接搭建的地标，一次次面对抉择，我们到底应该作出怎样的判断，这是摆在所有教育工作者面前的重大课题。但当我们遇到迷茫、困惑和艰难的时候，应该清醒地看到，我们不是一个人在战斗，相反，教育改革几乎是每一个国家中所有人在面对和经历的。每当读到佐藤学的著作，我就会产生一种并肩战斗的感动与勇气。

佐藤学之所以为中国的广大教育工作者所熟知，正是因为他对教育改革实践的关切、敏感与把握。近年来，《学校的挑战》《教师的挑战》引发了我国教师的读书热潮，最新出版的《学校见闻录》与前两本书并称为佐藤学的"实践研究三部曲"。在《学校见闻录》一书中，佐藤学对宁静的革命的路径探索，对"教育现场"的敏锐洞察，对教师工作的深切理解，再次引起了人们的共鸣与沉思。

一、感同身受，与师生共同面对"教育现场"的复杂难题

佐藤学称自己是"行动研究者"，他坚决反对对"教育现场"的漠视，他认为任何的政策、研究、评论只有在作为"教育现场"的学校中才能实现其功能和意义，否则一切都只是空谈。他是这样说的，更是这样做的，20年如一日地深入到2500所日本的中小学，并到海外27个国家的500所学校造访，10000多次课堂听课，无数次与校长教师交流，他确实是一位不折不扣用实际行动来做研究的人，他用一个个真实的脚印丈量着教育的长度和宽度。

所有与"教育现场"亲密接触的人都清楚学校改革是何等的艰难复杂，而佐藤学为什么能够在复杂的实践领域自由行走呢？这源自他的坚持与信念。他不怕面对问题，不怕失败和挑战，虽然他深刻地了解"清楚教育现场"就如同"求解多次方程"，但他似乎在享受着这份复杂与艰辛，认为这是"动人心弦的、令人惊异的经验"，在教师与儿童身上体会到了"多样的感动"。改革实践中的问题虽然复杂，但并非无解，"一切的答案在学校的现场"。只有走进"教育现场"，真切触动实践的脉搏，与师生同呼吸、共命运，才能发现真相，才能找到答案。道理虽然简单，但这个结论的获得却用去了他几十年的光阴。

佐藤学的研究之所以能够接地气，抓人心，是因为其研究是有温度的、有情感的，有着对教育、对课堂、对学校中所有人的关注与期盼。每周他都要去三所学校，在每所学校待上一整天，对所有的教室都跑个遍，与校长、教师近距离、全方位地交流。在深入学校数十年的日子里，佐藤学看到了日本教育的种种乱象，许多人对此发出感叹与绝望的呼声，社会中弥漫着对教育、教师的失望情绪，人们渴望有人能够改变这种混乱的现状，拯救风雨飘摇的公立教育。虽然佐藤学充分认识到学校改革是复杂与艰难的，但他始终不放弃希望，并且坚信"倘若一所学校的改革能够达成，那么就能变革整个地区的学校，整个国家的学校"①。

二、信赖儿童，充分保障每位儿童的学习权

有人询问佐藤学理想的学校形态，他认为好的学校应该是多姿多彩的，没有统一的模式，但是这些学校都会有一个共同要件：尊重每一位儿童的学习权，保障每一位教师作为专家的成长。只有这样才能实现学校的目的——"优质"与"平等"兼得。对所有儿童学习权的尊重，需要从两个方面加以理解：第一，什么是儿童的学习权？这实际上涉及佐藤学对"学习"的再定义，

---

① ［日］佐藤学著.学校见闻录［M］.钟启泉译.上海：华师师范大学出版社，2014：32.

他认为"学习"即"对话","学习"意味着学生与客观世界的对话、与他人的对话以及与自己的对话,他坚决批判那种让儿童呆坐、孤立、互不往来的"竞争性"学习,而是希望为儿童创设平等的、温暖的合作学习的空间,让他们通过互相倾听、交互参与来获得深入探究的机会。这是佐藤学一再强调的,也是"学习共同体"的立论基础。第二,什么是每位儿童的学习权?"每位儿童"就意味着众生平等,不让一个孩子掉队,即便学生存在这样或那样的情况,作为教育者和学校仍要"不抛弃、不放弃、不嫌弃",在这样的课堂里,学生能够感受到人情的温暖和学习的快乐,更加积极、自信地去面对学习和生活。

佐藤学将自己的研究定位于"儿童的立场",长期的近距离观察、分析,炼就了佐藤学对儿童的全面认知与判断力,他步入学校的刹那就可以通过儿童的声音、姿态和表情识别学校的基本情况,"倘是儿童的言行举止轻松自然,整个校园宁静沉稳,碰到的是一张张淡定自如的脸庞,那么这所学校的教育肯定是优雅的、进取的"①。若没有热情的投入、长期的沉浸、痛苦的反思,绝不会有这样的自信与坚持。

他的课堂观察往往都聚焦于儿童,特别是那些处于弱势的、被忽略的、无声的学生们。在《学校见闻录》中,他对儿童的观察更加深入,并且将观察和他们的家庭背景、生活状况、心理状态结合起来,一种同情、忧虑的情感贯穿于他对儿童学习状态的研究之中。在他看来,社会、经济、文化环境变化所引发的家庭贫困、离婚激增使得儿童在破碎的家庭中得不到生活的保障和精神的慰藉,这是所有人必须面对的严峻的"儿童危机",这种危机是隐性的、不易察觉的,却深刻影响着儿童的学习乃至整个人生。他在"无言的儿童、无言的学校和教师"一节中,以匿名的方式描写了几位儿童背负巨大的心灵创伤却依然坚持学习的事例,他们的坚持除了靠自身的坚强之外,与他们的老师和同学的默默守护是密不可分的。佐藤学不无感叹地写道:我从这些不幸的儿童们身上感悟到,任何一个儿童只要坚守学习就绝不会崩溃。

---

① [日]佐藤学著.学校见闻录[M].钟启泉译.上海:华东师范大学出版社,2014:5.

只要坚守学习，即便家庭崩溃了，朋友崩溃了，他也绝不会崩溃。[①]因此，学习是儿童人权的核心，学习也是儿童的希望所在。

新潟五泉市经济衰退，很多儿童家庭生活贫困，新潟县市立五泉南小学举步维艰。在这种严峻情况下，教师们提出"创建学习共同体是唯一的出路"，藤村校长在任的三年里，17名辍学儿童回到了课堂，辍学率为零，"不让一个儿童掉队"成为现实。在五泉南小学里，低年级的课堂上处处洋溢着沉稳安详、亲密无间的氛围，进行着每一个人的个性与共性相互交响的教学。每一位教师的话语和体态都温文尔雅，他们给儿童无微不至的关怀。"后进生"、学困生沉稳地参与教学活动，各自富有个性地展开学习。这是一个保障所有儿童学习权的真实写照，也是"学习共同体"持续开展的珍贵成果。

三、攻坚克难，坚决啃下薄弱高中改革的硬骨头

随着"学习共同体"研究影响的不断扩大，300多所高中学校也加入进来。一直以来，多数日本的高中课堂还是采用死板划一的教学方式，再加上应试的强制和基于分数的管理，对于现在的儿童来说，这样的课堂是沉闷而无效的。在课堂上，大半学生或耷拉着脑袋，或说着悄悄话，或小动作连连，或只管记笔记却无所用心。真正参与教学、认认真真学习的学生寥寥无几。[②]许多高中生逃避学习，几乎所有的高中学生学力水准都一路下滑。无论是"薄弱校"还是"升学校"无不被这一深刻的危机所困扰，课堂教学举步维艰。佐藤学深刻地认识到高中教育"品质的改进"正是教育改革的核心。

佐藤学剖析了高中学校改革的困难：高中是以学科单位来组织的，各自形成了自立的"国家"（独立王国化），即便是由校长和一部分教师主导，也难以采取举校一致的改革步伐。另外，高中改革面临着多样性的挑战，有多少高中就有多少学校改革的课题，就有多少各自学校改革的逻辑。所以要在

---

① ［日］佐藤学著.学校见闻录［M］.钟启泉译.上海：华东师范大学出版社，2014：121.
② 同上：22.

"学习共同体"的引领下，每所高中必须设计出各自独特的改革步骤，迈出改革的步伐。因此，高中的改革无疑是既重要又艰难的，要跨越这种困难，就要从基地学校的建设开始。

广岛市安西高中曾经是"动荡的学校"，中途退学者近半数，无论是学生还是教师都对未来充满绝望。为此，才木裕久校长着手进行"学习共同体"改革，现在安西高中，"U"字型的课桌排列与小组合作学习已经成为课堂的基本形态，所有的学生都参与了合作学习。经过四年的努力，安西高中发生了"奇迹"般的变化。中途辍学的学生从 90 名减少到 9 名，考入本科大学的学生也由 15 名增加到 80 名。升学率一跃进入县立高中的首位，平均升学率较以前高出 1.7 倍，学校的班额也在不断扩大。这些"奇迹"的变化来自课堂变貌，来自学生学习状态的转变。

同时，佐藤学也看到了安西高中存在的问题，即由于老师对合作学习的理解和应用有差异，所以班级之间存在较大差异。因此，他认为"学习共同体"的创建进入了第二阶段，改革的要旨有两个：其一是提升学习课题的水准，在课堂中组织"冲刺性学习"；其二是在教学的反思与点评中，基于学科的本质，研究"学习的设计"。他还敏锐地认识到"冲刺性课题"的水准是与学生合作学习关系的成熟度相关的。在学生的合作学习关系不成熟的阶段，"冲刺性课题"水准即便不高，学生也能够积极地参与。但在学生的合作学习关系达到成熟的阶段，倘若不设定高水准的"冲刺性课题"，学生在学习时就会无所适从。对于高中的教师们来说，如何进行高水准的"学习设计"，成为学生是否能够挑战自我，投入学习的关键要素。[①]佐藤学进一步指出：越是"薄弱学校"越是必须引进高水准的学习。教师应当充分认识到这个事实：退学的学生大半是由于对"教学水准过分低下"产生绝望而导致的，因对"教学水准过高"绝望而退学的学生一个都没有。[②]高水准的学习是建立在对学生学习基础、状态、投入度等充分了解的基础上的，是一种不同于一般的重复

①［日］佐藤学著. 学校见闻录［M］. 钟启泉译. 上海：华东师范大学出版社，2014：130.
② 同上：23.

操练和硬性灌输，这种方式对于很多儿童来说是完全失效的。

滋贺县彦根西高中曾经是退学、转学、留级生极多的"薄弱学校"。课堂改革在开始数月就产生了显著的效果。所有的课堂都是男女生混合的四人小组，没有一个学生耷拉脑袋、说悄悄话、做小动作，所有的学生都切实地展开合作学习。教师语调的强度和话语的分量被压缩到三分之一，从而调动了学生活动的积极性，学生的话语与思考是灵动的、细腻的。[①]这种短期内所产生的深刻变化，令人不禁惊叹。彦根西高中的教师们在日常的教学中融合了两种学习，即"夯实"（保底）的合作学习与"冲刺"的合作学习。借助小组内的协同学习，几乎所有的学生都完满地达到了目标。这种学生的面貌正是彦根西高中的希望，是全国要求课堂改革的高中教师们的希望。

四、"疾驰的中国"：永续的改革需要坚守的信念

佐藤学一直极为关注中国教育的发展，他认为"中国教育处于巨大的转折点"上，他造访中国 15 次，足迹遍及上海、北京、西安、哈尔滨等地，他不但感叹中国学校变革的景象，更为中国教师们崇高的使命感、豁达大度的气魄和真挚的探究精神所感动。他希望与中国的教育工作者分享他数十年倡导改革的心得：宁静的革命贵在持之以恒。对于从事教育改革的人们来说"征途漫漫，改革的坚守比启动更需要能量"。参与"学习共同体"的多数学校是将改革看作"业已启动的永续的革命"，临时性、短期性、集中性的举措是不会有的。[②]佐藤学还提出了"学校改革的辩证法"，即学校的改革只能是内发的，别无他途。但这种改革要得以持续，就必须有来自校外的支援。学校的变革，需要投入大量精力，需要全体教育工作者几代人的努力，因此不应当惧怕"周而复始、循环往复"。只有积极地"周而复始、循环往复"的实践和探索，才能产生"螺旋"上升的教育思想与实践。

---

① ［日］佐藤学著.学校见闻录［M］.钟启泉译.上海：华东师范大学出版社，2014：23.
② 同上：31.

同时，他明确指出，变革学校非同小可，校长的作用至关重要、无可取代。校长有见识，有气度，具有运筹帷幄的领导力，学校才能直面困难和挑战，超越自我，渡过难关。相反，如果处于核心地位的校长被弱化或起反作用，则学校改革将会功亏一篑。另外，如果校长出现更迭，后任校长不愿继承前任校长的事业，而是重起炉灶，则会造成学校的混乱和教师的困惑，改革也会不了了之。

在佐藤学看来，要进行 10 年以上的学校改革并固化改革成果，必须经历以下三个阶段：一是尊重儿童的学习权，让每位儿童参与到学习中来；二是培养能够关照儿童学习与成长的教师队伍，从而提升学生的学习品质；三是要经受得住校长更迭的考验。学校改革事业需要达成共识，更需要传承发展，只有后来人勇于坚守才能使改革产生持续的成果，才能真正实现公平而优质的教育，让每一个儿童成为有效的学习者，让每一位教师成为指导儿童成长的专家。

本文作者陈静静

第七章

教师的研究日记

把目光注视着现实的课堂

作为一名经历硕士、博士与博士后学术熏陶的教育研究者，我对中小学教育教学实践的关怀丝毫不弱于对任何教育理论的崇拜。十余年来，我在学术研究的场所和中小学教育教学实践的现场来回穿梭，常常是如获至宝地捡拾真实的课堂风景，回味无穷地感悟教师的实践智慧，不加粉饰地叙说儿童的妙趣横生，这正是我作为一名教育研究者的职业写照与生活方式。

事实上，从本源来看，教育问题来源于教育实践，那种游离于教育实践之外，单纯满足认知需要的教育问题自然也有价值，但这种认知最终还是要回到教育实践中去接受检验与筛选，否则，这种认知成果就难以被传承、延续下来。因此，我们的教育教学指导、教师培训等工作都需增强实践关怀，走进课堂现场，确立实践立场，这不仅因为教育问题从根本上而言是源于教育实践的，而且因为只有那些反映教育实践发展脉搏的教育问题，才具有旺盛的生命力。

一、做教育田野里的守望者

教育理论是否能够关怀实践，既是理论研究者经常探讨的问题，又是实践工作者时常发出的质疑。毫无疑问，教育理论需要实践关怀，正如教育实践需要理论关照一样。可是，我们可以选择什么样的角色和心态呢？教育现实中，无论是理论研究者，还是实践工作者，其中都不乏实践状态的"审判者"、实践素材的"打捞者"、实践活动的"纳凉者"……然而，这些断然不是"关怀"实践，充其量只能称作是"关注"实践而已。

正如曾经有一位校长真诚地对我讲，现在很多教育理论专家走进中小学都是"走马观花"，抽取他们需要的研究资料，或者是居高临下式地随便看看；而我们中小学实质上需要的是"下马种花"的人，我们需要专家们停下马、跨下马，精心地来为我们"种花"……这位校长的话至今让我记忆犹新。回顾我的研究历程，我一直在扪心自问，我是那个"下马种花"的人吗？我只能回答说，我在摸索着如何"下马"，我想努力成为一个"种花"的人。

纵然囿于各种主客观条件，我也许难以成为一名教育实践田园里优秀的"种花者"，但我更不可能去作为教育实践的"审判者""打捞者""纳凉者"……也许，我一直以来的状态恰如徜徉在教育田野里的一名痴情"守望者"。所以，我特别喜欢美国作家杰罗姆·大卫·塞林格（Jerome David Salinger）在小说《麦田里的守望者》最后谢幕时说的一番话："不管怎样，我老是在想象，有那么一群小孩子在一大块麦田里做游戏，几千几万个小孩子，附近没有一个人——没有一个大人，我是说——除了我。我呢，就站在那悬崖边。我的职务是在那儿守望，要是有哪个孩子往悬崖边奔来，我就把他捉住——我是说孩子们都在狂奔，也不知道自己是在往哪儿跑，我得从什么地方出来，把他们捉住。我整天就干这样的事。我只想当个麦田里的守望者。"①好一个"守望麦田"的教育理想！

做一名教育田野里的守望者，我对现实的学校、生动的课堂心怀依恋，对纷繁的教育现象保持一颗平常之心，对细微的教育事件抱持一种深切幽思，对琐碎的教育思考坚持一种温暖情怀，同时也会秉持理性的思考与必要的反思。正如《守望教育》一书的作者刘铁芳所言，我们以一颗平凡、挚爱、理性的心灵来守望教育，守望我们心中的教育梦想，我们平凡而执著的守望，将支撑、并且照亮我们自己朴素的教育人生。②

二、沉浸在学校的教育现场

我们一次次把关注的目光投向这片实践的田野，同时也努力把自己的热

---

① ［美］杰罗姆·大卫·塞林格著.麦田的守望者［M］.施威荣译.南京：译林出版社，2010：188.
② 刘铁芳.守望教育［M］.上海：华东师范大学出版社，2005：前言.

情和希望融入这样一种作为生活方式和研究方式的行动之中。如果甘愿做一名教育田野里的守望者，那么我们可以选择什么样的守望方式呢？我想，如同春风守望万木泛绿，春雨守望禾苗苗壮，禾苗守望秋的金黄一样，我们可以选择多元的方式守望着教育的理想与希望。正如学者杨小微在《教育理论工作者的实践立场及其表现》一文中所言，只要我们对教育实践是真诚的关怀，与实践在身体和心理上的距离大小就不是问题。[①]据此，我们可选择不同的实践关怀与守望方式，例如：

遥望式惦念。比如，一些长期从事教育基本原理或理论研究的学者，并不一定常常躬身于教育实践，也没有经常保持联系的实验学校或基地，但这些学者却对教育实践中的问题有着特殊的敏感甚至切肤之痛，虽身在事"外"，却心在事"内"，拥有较高的研究境界与品质，成果往往能发挥价值引领、方法启迪或道义支持的作用。当然，这种守望方式需要教育人具备宽广的理论视角和对实践的整体把握力及问题洞察力。

贴近式观察。比如，一些擅长实践诊断、现状调研或数据统计分析的学者，会把教育实践中的具体问题作为研究指向，进行各种现状诊断、调研、咨询等，这是"走近"实践的一种常见形式。不过，这种守望方式除需要教育人具备一定的理论素养外，还需要具备调研、诊断以及统计分析的方法与技术。

介入式互动。比如，一些拥有实验学校或基地、进行实践蹲点的研究者，不仅走进教育实践，而且引领变革教育实践，以解决教育实践中的实际问题为指归，以足够的耐心去守望教育变革的成果，以充分的信心与一线的实践变革者共同成长。然而，这种守望需要教育人具有较为丰厚的理论素养和实践智慧，需要具有与学生、教师、校长进行交流、沟通、对话及互动的智慧。

置身式融入。比如，一些走进一线学校进行挂职或实践锻炼的年轻研究者，不仅在真实地关怀实践、亲近实践，而且在切实地融入实践、躬身实践，还能够适时地超越实践。在这种沉浸式地融入学校教育的守望方式中，

---

① 杨小微.教育理论工作者的实践立场及其表现［J］.教育研究与实验，2006（4）：6—9，38.

尽管研究者是一个"置身局内的局外人",但这种置身式的融入本身就意味着开放、互动与生成,更有利于实现两类教育者的信息互补、资源分享与平等对话。

譬如我,2013年伊始,我被教育局和单位派遣到上海市建平中学,脱产进行为期一年的挂职锻炼,担任校长助理一职。伴随着一个春夏秋冬的轮回,我在建平中学经历了两个完整的学期,每天到学校上班下班,穿梭于学生、教师、教室、操场、食堂等学校的各个场所,我似乎原本就是学校的一员。这样的生活,让我慢慢自觉不自觉地学会站在学校、教师和学生的角度,持一种情感上的认同、理解与宽容,持一种设身处地的思考问题的立场与态度。

三、迷恋那生动的课堂风景

在沉浸式地融入学校教育现场之初,我对学校教育生活的关注热情再次被唤醒,每天所做、所看、所听、所想之事,总能激发我的研究兴趣。但我偶尔也会思索,教育研究到底有什么意义?我是否应该投入到操作性的实践?不过,每次的自我诘问中,都有一股隐形的力量强烈地牵引着我,我知道我是热爱教育学的。本质上,教育学既是迷恋他人成长的学问,又是一门实践性学科。教育学首先召唤我们行动,之后又召唤我们对我们的行动进行思考,鞭策着我们并使我们充满活力。正是因为迷恋他人的成长,我关注着现实的课堂,迷恋教师和学生在课堂中的共同成长,而我的学术研究热情也在课堂中绽放。

课堂是教师和学生的栖息之地。这是一个平凡无奇的场域,但催生我们令其变得伟大的念头;这是一个稳定有序的场域,但催生我们蠢蠢欲动的愿望;这是一个例常反复的场域,但催生我们叛逆创新的精神。所以,课堂是如此强大而弥散的,如果我们置身其中,就难以逃逸。对课堂而言,我身处其中而又游离于外,这更让我的研究热情悄然绽放,而且这是一种真正的生活体验研究。这种生活体验对我来说,确实与我共在,因为我能够以反思的形式意识到它,从一定意义上讲,我直接占有它,就像它完全属于我一样,它在思想中才变得客观具体。

当我百余次走进各种各样的课堂之中时，我的感触诚如布迪厄在《实践与反思——反思社会学引导》一书中所谈，"我乐意经历各种各样的生活"，希望体验所有的人类经验，他认为自己在不知不觉中，捕捉了一些社会的"瞬间画面"，摄制了一些"快照"，这些他在将来都会予以发展并利用。他还说："我相信，我所进行的许多研究中的假设和分析，作为其基础的所谓直觉，部分就肇始于那些'瞬间画面'、那些'快照'，而且经常还是年代久远的东西。"①事实上，课堂中的每个事件都如同一个小宇宙，充满着教师和学生的故事。因此说，进入课堂的我，任务就是捕捉课堂的"瞬间画面"、摄制一些课堂快照，为人们提供了解各种课堂生活的经验与途径，并且向大家阐述这些经验，不论这些经验是普遍共享的，还是少数人特有的，只要它们在平常是被忽视或者未经整理的，工作就有价值。

丰富的课堂生活体验总能让我产生感动，就如我在 2013 年 3 月 21 日的教育日记中写的："上午第 3 节课，我坐在 5101 教室里，安心地欣赏、观摩沈老师的语文课《祝福》。偶尔，有那么一会儿，瞥见室外间或路过的几个行人，让我的思想飞出了窗外。凝望着铺满阳光的金苹果大道，随微风摇曳的葱绿大树，正值灿烂绽放的绚丽花朵，一股温润的暖流涌上心头。窗外宁静而温馨的校园让我感动，室内灵动而润泽的课堂让我感动，这种感动令我倍感珍惜，这也许就是教育的力量吧。"就这样，我满怀着执著、热忱与感动，展开一趟趟的课堂旅程，探寻与记录绚丽多姿的课堂故事，体验一种"诗意的栖居"的研究幸福。

本文作者上海市浦东教育发展研究院姜美玲

---

① 转引自［美］华康德著. 实践与反思——反思社会学引导［M］. 李猛，李康译. 北京：中央编译出版社，2004：269—270.

合作学习，让心灵一起放飞

——一个数学老师的教学札记

我是一名普通的数学老师，我没有非常深厚的文学功底，经常和数字、公式和解题方法打交道，但我每节课都会非常投入，我希望孩子们在课堂上感受到快乐。对我来说，教学中的点滴故事记录着成长的快乐与感动，一次次不经意的教学片段有时能让我感动和幸福。我用平凡的文字将它们记录下来，记录下了我在与孩子们共同学习、携手共进的点滴片段，为我和孩子们的成长历程留下美好的一页。

一、合作初体验

九月的天空太阳依旧高挂在头顶，又是一个新的学期。作为预备二班的班主任，当我走进教室时，44双满怀期待的眼睛注视着我，这些稚气未脱的孩子，犹如张开羽翼的雏鸟，等待他们的是无限广阔的天空。

渐渐地我与孩子们熟络了起来，同时发现孩子们的性格各异，数学基础参差不齐。伟博同学急性子、很粗心；小宇同学沉默寡言，对数学自信不足；小兰善于思考和助人为乐；小敏很喜欢数学，成绩又好，非常适合做课代表。既然他们来到了我的班上，我要给他们创造温暖、快乐的学习空间，我告诉他们在课堂上我们共同面对问题，一起讨论，一起思考，看着他们疑惑的眼神，我笑了，心里暗暗说：别担心，我们慢慢来。

从上学期开始我就在探索合作学习的教学方式，我想在这个班级也作一下这种尝试。上课了，我让同学们四个一组围起来开始讨论并归纳"什么样的分数能化成有限小数"。我给出了一些分数：$\frac{1}{2}$、$\frac{1}{3}$、$\frac{1}{4}$、$\frac{1}{5}$、

$\frac{1}{6}$、$\frac{1}{7}$、$\frac{1}{8}$、$\frac{1}{9}$、$\frac{1}{10}$……，要求他们通过计算找出规律并归纳总结。话音刚落，班级顿时像炸开锅一般，孩子们显得异常兴奋，好像"讨论"得非常投入，但是我知道，这不是我想要的效果。

我打断了他们，说道："好热闹的气氛，看来同学们很喜欢这样上课吧？"看着他们肯定的眼神我知道了他们喜欢这样上课。"但是你们刚才的讨论，有结果了吗？"我追问道。很多学生都得意地说道："有结果了！"我笑了笑，表示对他们的暂时肯定，于是又问道："那么你们有没有人把方法和思路与你们组内的同学分享过呢？"此时，教室里的气氛凝固了，孩子们得意的笑容不见了，有人还下意识地微微摇头。此时，我意识到合作学习才刚刚开始，尽管孩子们表现出了最初的热情，但如果不加以指导，他们很快就会陷入迷茫，成为一盘散沙，因为他们的讨论还停留在自说自话的层面，他们缺少与其他同伴的倾听和分享，这样只会使每个人都在突出自己，难以达到互相沟通、互相学习的目的。

于是，我提出了自己的看法："老师虽然看重数学问题的结果，但是我更看重得到结果的方法，我们既然是一起合作讨论，那么不妨将你的方法分享给你们的组员吧，跟你的同桌、你对面的同学、你斜对面的同学——分享你的方法，这样每个人最终都会有几种方法呢。"孩子们似乎明白了些什么，静静地开始思考起来，并慢慢进入了状态。

此时，教室变得安静而有序，学生们在交头接耳中，点燃起了思维火花。小兰小组的讨论引起了我的注意：

伟博同学看了看题目都没计算完就急着说道："我发现了，凡是分母是偶数的都可以化成有限小数，你们看：$\frac{1}{2}$=0.5，$\frac{1}{4}$=0.25，$\frac{1}{6}$=0.16666……哎呀，错了。"

露露无奈地看着伟博说道："你都没算好就下结论了，太粗心了，$\frac{1}{5}=0.2$，结果也是有限小数你都漏了，我们还是慢慢把每个都算出来再判断吧。"

小君拿出自己计算好的结果，和大家一起讨论起来："我们一起来看看：

$\frac{1}{2}$=0.5，$\frac{1}{4}$=0.25，$\frac{1}{5}$=0.2，$\frac{1}{8}$=0.125，$\frac{1}{10}$=0.1，我觉得能化成有限小数的分数的分母肯定有规律可循，大家觉得呢？”

小兰露出肯定的眼神对着大家说："嗯，我也同意小君同学的判断，但是老师只写到分母是 10 的分数，那后面分母更大的分数的情况又是如何呢？我们再多写几个分数来算算，再下结论吧。"

四位同学你一言我一语，互相交流自己对问题答案的猜测和想法，小兰的一个提醒启发了大家："还记得我们学过的分解素因数吗？这些能化成有限小数的分数分母分解出来的素因数都有一个特点。"大家激动地说道："分解出来的素因数都有 2 或者是 5。"就这样，他们在合作交流中渐渐地得出了正确的结论。课后，他们迫不及待地找到我，告诉我："老师，您刚才说的话我们有点明白了。我们四个人一起合作讨论，每个人都获得了对方的想法，好的想法会得到大家的肯定和鼓励，错误的想法大家也会帮你改正，这样比一个人思考和学习有趣多了！"看着他们认真的表情，我微微地笑了。虽然他们才刚开始接触合作学习的方式，但看得出他们很快就心领神会了。

二、合作学习让你不再沉默

时间过得很快，转眼一个月已经过去，此时已是十月，天气转凉了，但是窗外的阳光洒进教室，照耀在孩子们的脸上，显得特别的温暖。此时，我们已经多次尝试了合作学习的方式，孩子们乐此不疲，我也因为他们的快乐而沉浸其中。

有一次课后，数学课代表小敏找到我说："老师，我们以前从来没有这样上过课，真的好有趣，您说过，四个人一起合作讨论的话可以产生很多种方法，可我们组小宇不喜欢参加到我们的讨论中来，我们该怎么办呢？"看着她那着急的表情，我深感她是好可爱的孩子。她的话倒是提醒了我，每个小组都有集体荣誉感，我可以用这一点来激发小组之间学生合作学习的积极性和竞争性。

又是一堂合作学习的课——《百分比的应用》，我给出 40、12、200、5%、90% 五个数，让学生们一起编出应用题。多数学生都非常兴奋，但当我把目光转到小敏一组时，发现小宇依旧还是沉默寡言，不爱说话和交流。于是，我决定打破小宇的沉默，我轻轻走到小宇身边说道："你来编一道题目给小组同学看看吧，不会的话可以请小组的同学帮你，你放心，老师已经和他们都说好了，他们都会帮助你的。"小宇在我的要求下慢慢交流起来。

这堂课，我请小宇发了好几次言，每次都鼓励他、表扬他："小宇同学的回答很棒！在小组的成员的帮助下，小宇的应用题编得很漂亮，我很喜欢！"在下课前我也表扬了很多同学："今天大家表现得都很出色，所以老师特别准备了几个小礼物要奖励给今天表现最好的小组和同学，大家说给谁呢？"全班都把眼光汇聚到小敏小组那里，大声说："小宇！"在大家的热烈掌声中，我把奖品发给了小敏一组，我走到了小宇面前，把另外一份奖品递给了他，用肯定的语气说："今天你真的很棒！"看到不善言辞的小宇微微扬起的嘴角，我也笑了。

三、合作学习让我们共同飞翔

自从对小宇鼓励和肯定后，他渐渐融入到小组的合作学习中，在小组讨论中，他的话开始变多了，思维也开始慢慢活跃起来，这也离不开小组同学的帮助与鼓励。之后的每次合作学习他们都兴趣盎然，像一群快乐的小鸟一样。有时下了课还迫不及待来问我今天哪个小组表现得最好，我当然会给予他们肯定的笑容和满怀期待的眼神。学生的转变有时在于老师某一次耐心的指导或细心的关怀，老师对学生的态度，能够让孩子始终对课堂充满激情并在学习中找到快乐。

转眼半个学期过去了，同学们开始慢慢适应我的教学风格，慢慢学会了安静地讨论、互相倾听、共同分享，合作的种子在课堂上慢慢地生根发芽。

其间接到学校布置的任务，要我在我们班开一节合作学习的公开课，我把这个消息告诉了同学们，起先他们感到非常紧张，生怕表现不好，我笑着对他们说："我们都已经慢慢适应了周围的一切，适应了校园生活，适应了老师的教学风格，更适应了自己的同学和伙伴。我们从不会合作学习到学会合作学习，从小宇同学的沉默寡言到乐于参与其中，互相帮助，一起学习，我们做得都很好，是时候让我们在课堂上自由表现和发挥了。"说完，有些学生流露出期盼的眼神，有些学生则兴奋地说："老师，我们准备好了！"

在《扇形的面积》这节课上，我为每组同学准备了很多图形道具，让他们自由组合出不同的图形，孩子们都非常投入，想出了很多种不同的组合图形。当我要求大家拼出和我手中一样的图形时，小组的团结合作让我感动，个个出谋划策，争先恐后，力争第一时间完成任务。孩子们在获得成功之后的激动、兴奋、喜悦和成就感荡漾在教室的每个角落；当孩子们的合作学习有了成果时，小组代表在台上的展示发言，让大家看到了每个小组的智慧结晶。我惊喜地发现小宇带着小组的合作成果站到了讲台前，他很紧张，说话声音也很轻，但是他还是出色地完成了任务，将小组的学习成果展现在大家面前。此时我能感觉到，他不是一个人在孤军奋战，而是整个小组在一起学习。

自从我用合作学习的方式上课之后，有些学生经常会问我："老师，我们这节课是合作学习吗？"我反问道："你们喜欢天天这样上课吗？"他们眼中的光芒已经给了我答案：他们喜欢围在一起讨论问题，互相帮助，互相学习，解决问题，这样的学习很有趣也很快乐。

面对这群孩子们，我满怀期待，期待他们能够在合作中体会学习的快乐，期待他们在合作中找到充满自信的自我，相信有一天，这些稚嫩的雏鸟会张开双翼，在广阔的天空中自由翱翔！

本文作者上海市高东中学曹哲晖

"合作学习"的课例研究记录

在学校的支持下，我加入了区里合作学习的研究团队，开始与陈静静、杨海燕等研究员有了接触。我自己一直在摸索合作学习的方法，但是进展不大。为了让我了解合作学习的课堂该如何展开，陈静静老师向我推荐了《学校的挑战》以及《教师的挑战》这两本书，我自己也多方查找资料，为开课作准备。我们采用的方式是：研究教案或学案，听课，录像，根据录像进行课后研讨，持续改进。这样的方法我还是第一次经历，到底能不能组织学生进行合作学习，我心里还是有些忐忑。

一、"热热闹闹"的小组讨论

本次的课题为"一元一次方程的应用"，选择这个内容一方面我觉得应用题在学习过程中既是重点也是难点，很多学生面对应用题都非常头痛，缺乏解题意愿和技巧。另外应用题既然是难题就正好符合小组讨论的前提——个人解决不了，大家一起讨论着解决。

课题定下来后，开始着手分小组，为此我和班主任一起商量，哪些学生可以分在一组，哪些学生要分开，把积极的和被动的放在一起，形成互补。最后以八人为一组，分成了六大组，其间还选派了组长等。

然后我第一堂小组合作的课就这么开始了………

现在回想起来，给我印象最深的就是，八人一组的小组讨论绝对是"热闹非凡"，但仅仅是热闹而已，其实更确切地说应该是"乱"。看似很热烈的讨论，其中并没有多大的课堂价值，反而是在浪费时间。

与陈静静、杨海燕等各位老师边看录像边交流之后，她们给了我很多建议，给我印象非常深刻的是，我在课上关注的是整个课堂、所有学生的表现，在学生进行小组讨论的时候我也是象征性地在每个小组旁待上几分钟稍加关注，这样做导致我对每个小组的讨论情况掌握得全而不精。而几位老师所关注的是其中的一个小组在整堂课上的表现，始终关注一个组，这样就能非常深入地了解讨论的情况。

特别是，他们更关注这个组中的一个特定的学生，以这个学生为关注重心，分析他参与到小组讨论中的情况，是主动参与还是被动参与，是喜欢团队合作还是喜欢独立好强等，从这些情况就基本上能看出我在教学设计上存在的问题，小组讨论模式运用过程中需要改进的地方。

对于一种教学新模式的探索与尝试，要发现问题或者是找到改进的地方，从学生的个体出发，去持续关注，跟踪调查，这种由点及面的方法或许是我最大的收获之一。

此外，八人一组的小组模式应该说是失败的。俗话虽说：人多力量大，但话说回来，人多嘴也杂。当初我的想法是八人一组大家一起讨论，解决一个难题是很容易的事情，并没有去考虑小组中个体的掌握度。讨论的时候经常出现小组中学生自发地又分小组的情况，原因很简单，八人一组，相隔最远的几位学生之间是不大可能有交流的机会，与其这样还不如与旁边的学生进行交流。因此造成小组合作力度不够，效率低下。事实证明，这是我在课前策划、组织安排上的失败。

由于教学内容是应用题，在如此热闹的环境下，还真不清楚组内有多少同学懂了，在小组中有多少同学通过合作讨论出解题方案。总之，好好的题目就在这样嘈杂的环境中被浪费了。

对第一次合作学习课的自我评价就是：粗线条，很多地方做得都很不细致，合作学习中需要关注的点完全没有意识到。连我都不知道如何正确进行合作学习，更别说学生了。仅仅是围成一圈，就叫小组合作，现在看来那堂课还真的是不堪回首。

二、全方位深入了解合作学习的方法

第二次开展合作学习是教授《三元一次方程组及其解法》，这是一堂让学生学会如何计算三元一次方程组的课。

吸取第一次热闹但低效的八人一个小组模式的教训后，我将他们分为六人一个小组，心想六人一个组的话总归组员之间都能交流到了吧。另外我也考虑到每个小组学生的性格、性别、学习能力、成绩等因素并对组员进行适当的调整，尽量将组员调整到自认为合理的状态，但心里也没有把握能让每组都参与讨论，毕竟经历过第一次的失败，这次有点不自信。

教学内容的设计也是我头痛的地方，对计算题解法的教学并不像教应用题那样，大致上来说教学生解题方法，学生看懂理解，然后模仿并演练，熟练掌握即可，应用题存在太多难以理解的内容。因此我绞尽脑汁想设计出能让学生谈论得起来的计算题。

但这一次暴露了我教学经验上的不足：考虑问题时过于简单，将加大题量作为合作学习的内容；在教学过程中不断抛出新的计算题，有时同时抛出两道并不简单的计算题。我以为，既然小组中人多，大家一起计算，两道题目算不了什么。但事实证明，我的想法并不符合学生的认知规律。很多学生在我大题量的狂轰滥炸之下，疲于奔命，基础好的同学能马上解决并开始互相交流，但是基础差的同学要么停留在解决问题的自我世界里，要么干脆直接放弃思考而去寻找他人的答案，这种情况与合作学习是背道而驰的。

题量的加大并不能成为学生之间相互合作的前提，这是非常低效、粗暴的方法，与其这样，还不如就盯住一个题，然后不断地变式，让学生慢慢接受解题方法，最后学会触类旁通。

此外，选择合理的教学内容对小组合作有着至关重要的作用，在这一点上我坚信，并不是每节课都适合用来合作学习的，有的学习内容就是适合学生一个人自己学，这也就产生了是否每节课都需要以小组的形式来进行讲述的问题。

特别对于数学课而言，一节课的流程基本上就是，引出问题—学生思考—教师给出解决方法—学生理解并掌握方法—练习并巩固—提高—复习。在这一系列的环节中，并不是每个环节都需要大家围坐在一起来上课。相反，有些环节更需要学生独立思考、独立学习，之后再进行有针对性的、适当的小组合作，这样或许更可取，效率会更高，这也是几位老师给我的最宝贵的建议。

合作学习的效率，这一次再次成为课后我们谈论的重心之一。虽然减少到六人一组，但是实际学习效果和八人组并没有区别，况且组数变多了，我需要关注的小组就更多了，虽然这次有选择性地重点关注了某些小组，但是还是略显经验不足，在实际掌控过程中显得比较吃力。

在课后研讨过程中，科研指导老师提出某某学生比较内向，可以去重点关注，某某学生和某某学生在一个组里容易说话，应该拆分到两组。这些非常细致的意见对我今后在教学过程中提升课堂掌控能力具有非常宝贵的作用。

另外，学习单的运用也能及时地反馈学生合作学习的效果，这一点我把它给忘了，之前在常规课中运用过，但是没有想到也能将其用在合作学习中，事实证明，完全可以尝试在小组讨论中运用它。

总的来说，我对合作学习有了更深入的理解。在组织小组合作学习的时候应该注意以下方面：

（1）关注部分学生的上课动态，特别是后排学生。

（2）合作学习的黄金时间为 15～20 分钟左右，次数为 1～2 次。

（3）组长设立，要选人际关系好，不一定学习好，能盘活小组的人。

（4）小组讨论，题量多少不是关键，解决本课的核心问题才是重点。

（5）发学习单，小组反馈，课后反馈。

（6）培养学生养成相互配合、讨论交流的学习习惯，先前后交流，再左右交流，不说与课堂无关的话，养成良好习惯。

（7）教学内容需循序渐进，题设上需更合理。

需要改进的措施：

（1）小组组员重新调整，四人一组，并注意变换形式。

（2）合作次数为一次，时间为 10 分钟。

（3）发学习单。

（4）规范课堂纪律。

三、从热闹走向专注，合作学习渐入佳境

现在回想起来，第二次的课给我的收获是最大的，自己感觉研究员无论是从小组形成的模式、合作的时机、教学内容的改善，都给出了很好的建议，我也深信这些建议在第三次合作学习中都能被运用，所以我也这么做了。

应该说学生合作学习的重心并不在人多，但四人一组正好，无需强调组员搭配，在常规座位的基础上组合即可，在座位变化过程中并不浪费时间，平时给学生稍加练习便可在 20 秒之内开启合作讨论模式。

本次课题为"长方体的元素"，课本上的内容很简单，学生掌握一些基本的长方体要素，知道并会简单地计算长方体的面积和体积等。因为内容是立体几何但又很简单，因此这节课还是很有拓展的空间。我找了许多有意思的题目，比如让学生把一张纸折成长方体，让学生们对长方体进行切割，给出许多长方体让学生拼成不同形状的长方体等。这些问题的引入都丰富了这节课的内容，同学们很投入，也乐此不疲。

但随之问题来了，这么多的讨论点在一节课中集中呈现，一方面有些浪费这些题目，另一方面学生也不一定能讨论得过来。出现这种情况也是我求大求全的心理造成的，总认为这些题型让学生感兴趣、能投入就行，但他们有没有真正把问题吃透，掌握并将其内化为一种能力，我想这个有点说不准了。

话说回来，既然学生对某一个讨论点很感兴趣，那么不妨深挖下去，让学生继续探索，顺水推舟，得出一些有用的结论。当然这需要教师具有非常深厚的教学功底和课堂掌控能力，我深知自己还远没有达到此水平，因此只有通过反思和总结在下次课中进行尝试。

学生合作学习的切入时机和内容成了本次谈论的重点，在恰当的时机进行

合作学习非常关键，问题的引入、学生的独立思考推动了学生解决问题和寻求共识的强烈欲望，此时再进行合作学习那是水到渠成的，此时学生应该说有自己独立思考的基础，有各自独立的观点，他们能进行交流。

另外，合作讨论的内容在设置上存在一些问题，一节课中出现许多值得合作讨论的点，而有些点我是没有意识到可以好好利用的，在学生对一道题目仍然很感兴趣的情况下，转入下一题，说到底还是自身的教学经验不足造成的。

学习单的应用固然能及时反馈学生的学习情况，但也有一个弊端，好同学会不顾教师的引导，直接将单子上的题目一口气解决掉，剩下的就是非常机械地与教师做起了"配合"游戏，在合作学习阶段中也会充当为组员报答案的角色，而不是参与讨论和思考，但是总体上来说学习单的作用肯定是利大于弊，这点毋庸置疑。如何将此弊端削弱到最小是我该思考和解决的问题。

总的来说，四人一组之后，整个课堂同样热闹，但是多了一份专注，小组中的每位组员的比重从原先的八分之一到六分之一，再到现在的四分之一，从某种程度上来说，个人在小组中的地位上升，让学生在无形中觉得自己对小组很重要，并自觉参与到小组合作学习中，与他人交流。古人云，三人行必有我师。我想四人组的合作也必然能体现出每位学生的长处。

通过教学和研讨过程，再次总结合作学习的操作方法：

（1）讨论需要在学生独立思考的基础上进行。

（2）讨论的内容不宜过多，一到两个为宜。

（3）将学习单的内容进行细化，将个人独立学习单和合作学习单拆分。

（4）还需继续关注个别学生，引导他们积极参与合作学习，树立交流自信。

四、复习课用"合作学习"更有效

第三次的合作学习应该说在模式上基本成型，确定了合作学习应为课堂教学服务，在需要合作时进行小组变化并方便学生开展交流讨论。

由于临近期末考试，因此第四次合作学习选择了一节复习课《有理数及其运算》复习课，好在是复习课，有许多提高或者拓展性的东西可以加入。

在教学的设计上，我首先否定了以往的复习模式，提出概念，引出问题，巩固题目等。既然强调合作学习，那我就以合作的形式来进行复习，学生通过对某个概念的描述让另一名同学说出其概念名称，这突发奇想的灵感来源于娱乐节目中的猜字游戏，讲究的是两人之间的配合，描述者准确描述，猜测者对概念熟知等。经过实践，这一环节的设计还算比较成功，学生们都很自然地参与其中。遗憾的是，该部分所用时间过长，这是我事先做教学设计时没有想到的，不过我觉得这种尝试是值得的，至少学生们都融入到学习环境中去了。

在合作阶段，在做九宫格填入连续的整数使得每一行、每一列、斜线的和都相等一题时，我还是犯了操之过急的毛病，问题抛出后，没有给学生充分独立思考的时间便早早进入合作学习，让大家去解决，导致很多学生上手就填错，或者乱填。其实如果我当时先进行简单的分析和引导，让学生找到其中的规律，那么就能很快解决问题，之后的讨论也就会变得很顺，因为掌握方法之后，学生就可以根据规律来作答，答案不唯一，当然就有讨论的价值。

收集小组的合作成果也是必须要做的事情，把答案写在黑板上，一方面能展示小组成果，另一方面也能增强学生的自信。只可惜时间太少，没能进一步对这些成果进行分析、总结和归纳，前半段时间上的拖沓导致最后收尾的潦草，尽管这是拓展题，对常规教学并不影响，但我觉得这还是一件非常遗憾的事情。

学生讨论的时候我也关注到，简单的问题，易于上手，学习单设计得合理，可以照顾到每位学生，使得绝大多数学生都能拿起笔算一算，出口说一说。所以我觉得，给学生设计易于"上手"却难于"精通"的教学内容是合作学习的最佳程度。

总　结

应该说，连续四次合作学习的开展，让我受益匪浅，从当初的粗线条模式，到对每个细节的把握都有了更深的理解。科研指导陈静静、杨海燕等老师对我的帮助绝对是巨大的。为此我也不断寻找新的教学环节和方法来吸引学生参与到课堂讨论中。既然是合作学习，那就需要磨合，一个学期，一年，甚至是整个中学阶段，能力的培养只能靠慢慢地积累和训练。

本文作者上海市高东中学曹哲晖

合作学习建和谐课堂、悟生命精彩

一、教学研究主题的选择

现在中小学生大多是独生子女，从小缺乏与人合作的意识，在学校主观意识性很强，好胜好强，不易与同伴和睦相处，而合作学习就给了他们这样一个良好的机会。合作学习强调的是完成小组的共同任务，获得共同的荣誉，要完成这个共同的任务就必须要全体成员齐心协力，共同分担责任，共同进步和提高，从而逐步建立和谐的人际关系。尤其是在体育课中，合作显得更加重要。懂得合作，可以为小组在球场上赢得来之不易的一分；理解合作，可以为小组成员在进行任何活动时提供保护与帮助；享受合作，可以丰富学生的情感，从而使学生在运动中体悟生命跳动的精彩。

在体育课中，篮球运动是具有较强的集体性、技术与战术学习的合作与交流性，以及篮球运动的趣味性与竞争性等特点。因此篮球课适合将学生分成小组进行学习，为合作学习奠定重要基础，对于转变学生的学习方式，提高学生的合作能力搭建了重要平台。而前滚翻在学习的过程中牵扯到的不仅是个人动作的学练，还要为同伴提供保护与帮助，强调了通过合作来共同提高学习效果的目的。

篮球和前滚翻这两项运动所具备的特点非常适合开展小组合作学习，在小组活动中，同学与同学互相影响，互相交流，彼此争论，互教互学，共同提高，既充满温情和友爱，也能够提高教学质量；在同学之间互相帮助的过程中，学生可以满足自己影响别人的需要，促进自己的发展；同时，在相互交流的过程中，满足了学生对归属的需要。这些使学生不仅可以实现技能的目标，也能达到心理健康领域的目标。

二、教学方案的规划与设计

1. 学情分析

预备二班的学生整体的身体素质与基本的运动能力基本都在同一水平，除了个别同学比较突出。预备年级的学生处于青春初期，朝气蓬勃、富于想象和挑战、好胜心强、爱表现自己，由于他们的兴奋占优势，并极易扩散，所以注意力集中时间不长。以下是各小组的分组情况。

第一组：集合了这个班性格最鲜明的五个男生，调皮好动，爱捣蛋。其中 A 和 B 两位男生对各种体育运动都充满热情，平时也能带动小组其他几个同学积极参与活动。

第二组：C 同学运动能力较弱而且心思很细腻，容易受到周围的影响。

第三组：该小组学生性格普遍偏内向，其中 D 同学为随班就读学生，在平时的课上都需要被多照顾，E 和 F 同学不够自信。

第四组：这组主要有一位 G 同学，该生平时很容易与其他学生发生冲突，人际关系较差，不容易合群。

第五组：H 和 I 同学在女生里运动能力相对强，而且具有组织能力，能够带动身边的学生。

第六组：J 同学是典型的乖宝宝，上课很安静但是运动能力较差，而且参与度很低，时常游离于课外，需要经常被关注。

2. 内容分析

教材为篮球运球单元的第一课时，内容较为基础，主要是掌握原地运球。这个班学习篮球最大的难点在于学生普遍没有基础，因此在篮球的教学中更加要重视基本的练习。

3. 课堂观察重点

主要观察通过采用各种练习方式，学生在学习中是什么样的状态以及对课程的参与程度，能否与小组成员共同合作，并达到预期的教学目标。

三、教学方案的实施与改进

1. 实录片段及实景描述

整节课可以分为四个环节：整队热身（慢跑、热身操）、篮球（球性、高低运球）、综合游戏、放松整理、总结点评。在这些环节里第二、第三个环节最能够体现小组合作在这节课中所起到的作用。通过小组间的讨论，学生之间相互提示模仿，点评纠正等各种方法穿插于小组合作学习中。在实施过程中，第一小组的五个男生不能遵守课堂纪律，我在课中走过去两次点名批评，课后继续对他们进行教育；第二小组体现了合作，小组长发挥了自己的能力帮助小组成员共同完成任务；第五组女生合作相当默契，很好地达到了我的预期目标。

2. 同伴的观察记录及描述

（1）整节课在 20 分钟内教学形式转变了 20 次。因为自己急于想采用多样的练习手段来丰富课堂，但课堂收到的效果似乎过于蜻蜓点水，没有深入。

（2）第一组游离于课堂之外。这主要是与我的分组有关，让学生按照情感分组出现了将全班相对最调皮的学生分到了一组的现象，他们对动作的掌握程度不够；在进行练习的过程中，这个小组从一组又分化成了两组，缺乏小组合作的特点，且能力差距很大；组长只承担了收发器材的作用并没有对小组进行管理和组织；小组所站的位置偶尔也看不到教师和学生的示范动作。个别同学的服装不利于练习。

（3）第二组组长积极地组织组员共同练习，并承担了动作展示以及纠正同伴错误的重要作用。C 同学的积极性不够，小组站位同样存在问题。

（4）第三组有一位随班就读的学生，特别调皮，偶尔会骚扰到同组学生的学练，但是组员能够共同包容这样的学生，最后一起完成课的任务；其中一位同学练习得过于投入，注意力只在球上没有注意到老师的口令与讲解。

（5）第四组教师之前十分担心班上一位不能与同学融洽相处的学生无法融入到课堂中，但实际在课中他能很好地与成员共同合作。

（6）第五组女生的合作一直很默契，但是教师对其中一位运动能力相对薄弱的同学关注过多。因为之前这位女生上体育课的态度比较消极，每次都不能投入到练习中，导致各项运动技能都偏弱，因此在课上我会经常关注她的行为，鼓励她积极参与进球练习。组长很有责任心，在方方面面都照顾到小组的其他成员；反而平时喜欢篮球运动的两名女生在做示范动作的时候，没能够主动表现自己。

（7）第六组成员中有性格鲜明的女生 H，偶尔小组没有很默契地完成练习，她便会在做游戏中很快地带动大家；I 同学很容易被其他人影响到情绪，容易去责怪别的小组成员。

3.群体研究意见概述

在分组中应当更加积极地发挥小组长的作用，不能仅仅停留在拿器材放器材上，还应该注重能力的发挥。小组长在练习中也能起到组织练习，以及带领大家对动作技能的探讨以及纠正中去。教学不应该只是注重表面，还是应当继续地深入下去，教学形式转换不宜过多。在场地的设置上存在一些问题，导致有些学生看不到示范，老师没有办法完全抓住学生的注意力。而且在这次情感分组中，有着很明显的实力不均情况。

以上的意见，在之后的课中被改进，课程更加注重针对性以及实效性，练习手段不过多花哨，而是真真切切地让学生掌握动作技能，减少了教学阶段的转换。更多地引导小组长在小组中发挥作用，这对于营造一个小组的氛围会产生重要的影响。场地设置、讲解的队形应该更多地从学生角度出发，主动抓住学生的注意力，来提高课的质量。

4.第二次课堂进程简述

第二次课在之后的第二个星期，因为一些特殊的原因，课的内容从篮球变为了前滚翻，这却不影响我对于小组合作的研究。这次与上次课最大的区别在于小组的分组原则改变了，即从情感分组到学生的能力分组，基本原则是每组几个前滚翻完成能力强的学生带几个完成能力稍弱的学生。而且这次课搭配了两个教材，主教材是前滚翻，副教材为快速跑。天气逐渐变热，课的强度以及密度远远超过前一次，这对学生的体力也是新的挑战。以下是每个小组的情况。

第一组：C同学仍然是体育课的困难生，需要小组的各个同学多加照顾；其余两名同学运动能力基本处于上等水平。

第二组：组长性格很强势；组内有一名学生的体力很差，行为习惯有些随便，缺乏吃苦耐劳的品质。

第三组：性格张扬的A同学担任组长，容易调动小组的氛围，带动小组中两个性格内向的同学，且自身运动能力很强。

第四组：水平差异很小，组长性格温和，经常被组内另一位强势的学生所取代。

第五组：Z同学是最近刚刚学会前滚翻的，因此动作掌握得不够熟练，需要经常被关注。

第六组：女生基本在平时都能够互相照顾，组里一位运动"老大难"的女生需要多多鼓励和帮助。

第七组：组里有一名女生运动能力较差。

吸取了上次课的经验，我首先把上次第一组五名调皮的男生分到各个小组中去；其次是在发挥小组长的能力上这次明显不同，几乎每个小组都能愉快地进行合作学习，而且学习的效果相当显著。不仅如此，对于上节课存在的器材摆放等问题，这节课都得到了解决。

与上节课相比，游戏环节没有上节课处理得好，导致在热身过程中并不是所有学生都达到热身的效果。但是在这之后，小组合作学习中还是有提高进步的地方。

在前滚翻的练习当中设置了跃低障碍前滚翻，针对性仍然不强，没有能够解决前滚翻中避免屈膝的问题。

四、教学反思与后续设想

我想上好每一堂课，但我的每一堂课都有着许多的遗憾。这两节课也凸显出我的许多不足。整体的教学思路还不能恰当地围绕主题展开，采用的教学手段虽然多，学生投入却少。"前滚翻跃低障碍"的内容上存在设计问题。原先设想是通过这个动作来纠正学生屈膝蹬地，但是在课最后这个问题还是没有得到很好的解决，我觉得主要问题不在于学生的落实，而是这个练习的手段没有明确的针对性。小组合作学习的成功建立在教师的引导及学生的积极参与上。

这次课，对于我来说也是一种成长。另外，我觉得在小组合作的学习中，小组长所起到的作用还是很重要的，因此需要引导组长发挥他们的能力，带领所有学生共同提高。

小组合作不仅是提高教学质量的方法，同时也是德育教育渗透其中的最好机会。在小组合作中，让学生形成良好的与人交往的习惯，懂得配合包容，理解宽容，这些对学生来说都是必不可少的德育教育。比起一个人的学习、一个人的体育，我想这样的方式更能让他们感受体育的魅力，感受生命的精彩。

本文作者上海市沪新中学袁晓雯

"教会"还是"学会"

——《整数指数幂及其运算》一课教学的思考

时下，老师们的课堂教学成为每一所学校工作中被关注的焦点，学生的知识、智慧、人格也在课堂中得以滋养和生长。2013 年 12 月 9 日黄建初老师带领几位"小组合作学习"教学的老师走进了我的课堂，听取了七年级的《整数指数幂及其运算》一课。作为一名一线老师，我会把亲历的每一节课当作自己的一件"作品"，"作品"是需要同行点评的，但它更需要自己细细"回味"，并及时修正和改进。下面，我想以用"小组合作学习"方式进行的《整数指数幂及其运算》教学为例作自我评析和反思。

一、"小组合作学习"能承载我的教学理念吗？

这节课只有两个很简单的知识点：一个是将同底数幂的除法公式扩充到被除数的指数小于除数的指数的情况，另一个是给出负指数的意义。我认为采用传授式教学方式，只要通过三言两语告诉学生运算法则，然后进行例题讲解、学生巩固练习就可以了，可能教学效果也会不错。但是，这样违背了数学教学的初衷：要让学生在学习中经历数学知识形成的过程，在这个过程中让学生学会思考，善于认识、分析问题，解决问题。

借助小组合作学习我想给学生创设一个知识学习的平台，我力争让学生成为学习的主人，力争改变学生被动、机械、缺乏思考的学习状态，力争不再强加于人、不再抑制学生学习数学的热情。

听课老师记录了完成两个简单的知识点教学用时是 28 分钟。在这 28 分钟里学生在做什么？

场景 1："观察 $m < n$ 的情况。$2^2 \div 2^5$ 等于多少？$a^6 \div a^8$ 等于多少？"观

察、假设、初步论证，这是新授课的导入环节。学生先独立思考，再小组讨论，最后组长总结。于是，孩子们自然地围坐一起，在短时的个体思考之后，就开始交流起来。组员逐一交流，或大声或小声地说着自己的猜想，组长认真地做着记录。"我觉得，这个说法有些问题，我的观点是……"，小组成员边说边在稿纸上向同伴做着演示。

场景 2：小组合作后是大组的交流，孩子们呈现了不同的答案 -2^3、$\frac{1}{8}$ 和 2^3，且不少孩子都做出了 -2^3 的结果。我邀请代表细说每一种计算结果的思考过程。孩子以自己的理解进行讲述，经过点拨学生一致认定 -2^3 不正确。

场景 3：大部分的孩子提出了 2^{-3} 的猜想，之前他们从未接触过指数为负数的情况。于是我提出了两个问题"指数为负数可行吗？""2^{-3} 和 $\frac{1}{8}$ 相等吗？"于是又是新一轮小组讨论。

场景 4：学生说出 2^{-3} 表示什么含义？

场景 5：师生小结 $m < n$ 时，$a^m \div a^n = a^{m-n} = a^{-p} = \dfrac{1}{a^p}$（$a \neq 0$，$p$ 是自然数），得出整数指数幂的概念，指出以后还会学习分数指数幂。

在这 28 分钟里学生较多的想法是我始料未及的，也让我更加清醒地认识到：看似简单的问题，学生之间的想法是各异的，每一个相异构想都有可以推敲的价值。作为一名教师，对学生思想的尊重才能让学生智慧迸发。一堂课不是记住一个公式，不是追求一个结果，课堂教学的意义是要让孩子们在求知过程中倾听、交流、分享、辨析、归纳和总结。

二、学生在同伴互助中真的学会了吗？

我们每天面对的鲜活的个体（学生）存在着不同的差异，如性格、兴趣、思想、学习基础、能力、意志品质、家庭背景等等。在课堂中采用一般的教学方式，老师不可能了解每个孩子对学习内容的真实想法、掌握情况，这样让每个孩子得到发展的可能性就变小了。传统传授式的教学淹没了学生看待问题时出现的"相异构想"，教师高高在上的教学方式控制了学生"激动的情绪"，但是没有激活学生的思维，学生机械地模仿，在丧失创造能力的同时，也没有真正牢固地掌握知识。

美国缅因州的国家训练实验室研究成果"学习金字塔"理论用数字形式形象地显示了：只是听老师讲述，学习者两周以后记得的内容只剩5%，因为这是最被动的学习方式，学生的参与度是最低的，所以两周之后仍然记得的还剩5%就不错了。金字塔的最底端，其教学效果可以高达90%，而这个方法是：让学生教别人。如果学生有机会把上课内容立即应用，或是让学生有机会当同学的小老师，效果可高达90%。

小组间的交流、互助不经意间弥补了我们传统教学上的诸多不足。讨论中不同数学基础的孩子围坐在一起，他们对同一个问题会有不同方向和层级的理解，并且在小组中与他人发生思想的交锋。同事张婧老师描述道："组内互助确实发生着，交流中孩子们的表现是自然和自信的，每个人的脸上都透着参与的热情与光彩。在小组中孩子敢于试错，也有同学之间的点拨。陆同学是一位基础较差的学生，在小组展示中他勇敢地来到讲台前，他精彩的解题展示赢得了同学们的阵阵掌声……"

当然，在小组交流中部分学生还是存在一些没有弄明白的问题，但是，我想这又何妨？就像老师讲解习题也不能保证所有的同学都听得明白一样。

三、学生都合作了还需要老师吗？

这节课的最后一次小组讨论是在课堂练习阶段学生独立完成第2组练习之后，我要求组长主持讲评。其间，组内成员对不同答案进行了分析、探讨，最后达成共识。在我没有参与讨论的情况下，学生也完成了学习任务。这个环节说明通过之前的学习，学生在某种程度上完成了知识的迁移、方法运用及形成了解决问题的基本能力。

叶圣陶先生的教育思想中讲到"教是为了不教"这几个字。吕叔湘先生在自己的文章中是这样阐述这几个字的：这就触及教育学上的根本问题，就是在教学活动中，教师起什么作用？叶圣陶先生的看法是："各种学科的教学都一样，无非教师帮着学生学习的一串过程。"换句话说，教学教学，就是"教"学生"学"，主要不是把现成的知识交给学生，而是把学习的方法教给学生，学生就可以受用一辈子。"

"教是为了不教"，那么在小组合作学习的课堂中，老师的角色定位是怎样的？从学生视角分析：学生解决问题靠的是知识和方法的迁移，没有先前的经验作前提，学生是不能完全实现新知识和数学思想方法的提炼、归纳及总结（一些小组合作教学的老师喜欢上复习课，原因是复习课上学生有先前经验的储备）；小组成员之间能力、基础等因素的客观存在，即使能力再强的学生手里没有像老师一样的"标准答案"；同学之间对问题的分析不可能像老师分析得那样深入浅出，较难的问题在小组中始终找不到解决的方法。因此，在"小组合作学习"教学中，当学生思维受阻、方法无法提炼到位时需要教师的"引"和"导"。

四、这样的学习方式学生喜欢吗？

兴趣是最好的老师，它直接影响学生的学习激情和教学的效果。在教学中，只有调动起学生学习的兴趣，才有可能使之主动探究，我们的教学才有可能取得成功。

课后我给学生播放了这节课的录像，并让学生互评小组成员之间的表现。学生个个都很兴奋，他们是这么说的：

生1：我们组没有开小差的同学，我觉得我们挺棒的。

生2：我们几个人教张欣，他有的听懂了，有的没听懂。

生3：我觉得这样上课很开心。我胆小，以前不懂的不敢问老师，现在可以问同学了。

生4：今天陆佳豪举手回答问题很积极。

生5：老师，我还是第一次在视频中看到自己在课中的表现。

......

学生的回答无疑告诉了我之前教学中缺失的，现在在一点一点地"回归"。其实，每个孩子内心都是渴望得到尊重，渴望取得学习的成功，渴望把自己最好的一面表现出来的。

五、我们还能怎样做？

在课后评议时，老师们提出了一些宝贵的意见。有的对我"教"中一些细节指出不足，有的对小组之间怎样"学"得更加有效提出建议。

我最怕把这样的课上成"只有形式，没有实质"——没有价值的问题也在讨论，没有给予充足时间来讨论，超出学生能力范围交流不出任何结果的也在讨论，学生合作交流了老师无所事事，合作交流后老师不尊重学生的思考成果。

"小组合作学习"的课堂怎样做到"教"和"学"统筹兼顾？我想还是要以学情为基础，以教学目标为任务，以教材为内容，理清什么问题适合小组合作学习，怎样引导学生合作学习，让学生从中有观点的碰撞、思维的发展、自信的表达和解题问题后成功的喜悦。

本文作者上海市实验学校附属光明学校秦志军

课堂中"以退为进"的智慧

一、在"差班"放权，行吗？

出于种种原因，七年级八班的数学教师更替频繁，孩子们的数学成绩与对这门学科的兴趣齐刷刷地下降。2013 年 10 月，秦志军老师"临危受命"走进这个班级时，八班的数学平均成绩比成绩最好的班级低了有 20 分之多。优生不优，基础薄弱的孩子一大片，及格率还没有其他班的优良率高。

如何应对？执教八班的前两周，秦老师在课堂中的讲解不断细化，注重举一反三了，作业量减少了、作业的针对性强了。可是作业本上频出的低级错误、孩子们听课时茫然的表情无一不证明：由教师主导的"精讲精练"模式并不能改变现状，教学方式必须改变！

没多久，周围的同事听说秦老师决定在课堂里深度运用小组合作的方法，发挥组内互助优势。在这样一个数学基础薄弱的班级，教师少讲、孩子多讲，可行吗？不少人对秦老师的课堂转型表示担忧。

然而，好消息在课堂转型后一个接一个传来：小组合作的数学课在八班很受欢迎，孩子们提出希望每节数学课都那么上；课上踊跃的不再是几个固定的发言大户，大部分的孩子都愿意在组内、班内交流；在 11 月的学业检测中，八班的平均成绩与最好的班差距缩小到 10 分以内。这些改变发生在不到两个月的时间。

秦老师是怎样实施小组合作的？八班的孩子在数学课上究竟发生了怎样变化？带着好奇，带着探究的意味，12 月 9 日上午，学校顾问黄建初老师带着我和其他几位同事走进了秦志军老师的课堂，亲历小组合作学习现场。

这是一节新课，课题是"整数指数幂及其运算"，教学目的是讨论定理：当 $m < n$（m、n 为正整数时），$a^m \div a^n$ 结果为 a^{m-n}（a 的 m 次幂除以 a 的 n 次幂，$a \neq 0$）。教学重点与难点是负整数指数幂的概念，理解整数指数幂的运算性质，会运用性质进行相关的计算。

原本设计的教学环节如下：

（1）复习引入：计算 $2^9 \div 2^5$，$a^8 \div a^3$，结果用幂的形式表示。

（2）新授：计算 $2^2 \div 2^5$，$a^6 \div a^8$，并以小组讨论的形式，完成 $m < n$ 时，

$$a^m \div a^n = a^{m-n} = a^{-p} = \frac{1}{a^p}（a \neq 0，p \text{ 是自然数}）\text{的证明}。$$

（3）例题讲解。

（4）学生小结本节课的收获。

二、"以退为进"的课堂实录

观课后，我不得不说这是一堂教师"以退为进"，很有教育智慧的课。给予这样的判断，不仅在于小组合作的时间超过课时的大半，更在于整个过程中孩子们流露出的自然与自信。

1. 有效的小组讨论

"观察 $m < n$ 的情况。$2^2 \div 2^5$ 等于多少？ $a^6 \div a^8$ 等于多少？"观察、假设、初步论证，这是新授课的导入环节，秦老师提出了第一次小组合作。也许是有观课教师在，秦老师简要说了合作的流程：先独立思考，再小组讨论，最后组长总结。于是，观课教师看到孩子们自然地围坐一起，在短时的个体思考之后，就开始交流起来。（为了避免出现"搭便车"的情况，个体思考时间是否应该给予规定呢？）

交流过程中孩子们表现自然、自信，应该是阶段训练的结果。不同数学基础的孩子围坐一起，对于同一问题，很可能产生不同程度甚至不同方向的理解。我注意到邻座的一组，组长让每个组员说一说自己的思考。组员逐一

交流，或大声或小声地说着自己的想法，组长认真地做着记录。在交流中，一部分"相异构想"得以暴露；在倾听互助中，一部分的错误也得到纠正——"我觉得，这个说法有些问题，我的观点是……"，小组成员边说边在稿纸上向同伴做着演示。组内互助确实发生着，每个人的脸上都透着参与的热情与光彩。当然，小组讨论不可能解决所有的问题。但是，又有什么关系呢？一堂课的意义不是记住一个公式，不是要一个结果，孩子们在求知过程中实现的分享、倾听、梳理、修正、辩论，指向的是深层次的能力锻炼。

2. 不轻易做判断

小组合作后是大组的交流。孩子们呈现了不同的答案 -2^3 和 $\dfrac{1}{8}$，且不少孩子都做出了 -2^3 的结果。一个很具代表性的"相异构想"。秦老师邀请其中一位细说思考过程。孩子以自己的理解进行讲述，依然没有认识到错误。

这时，秦老师进行点拨——两正数相除其结果为正数。（有没有可能由孩子们自己提出？）

孩子们看出问题来了，但是怎么会做错的呢？秦老师没有急于作判断演示，而是要求"继续讨论"，把思维活动进一步推进。

3. 有效的串联指引

第二轮讨论结束后，大部分的孩子提出了 2^{-3} 的猜想，很了不起！在这节课之前，他们从未接触过指数为负数的情况。课时过半，但秦老师说得真是不多。即便此刻正确的猜想已经出现，他依然想让孩子们在思考的路上走得更远。于是他提出了两个问题："指数为负数可行吗？""2^{-3} 和 $\dfrac{1}{8}$ 相等吗？"情况总是如此，当你试图去解决一个小问题时，会发现不断有新问题出现。

于是又是一轮小组讨论。

看似省力的秦老师，其实无时无刻不在思考着如何搭桥，让孩子们进行更深入的探究。每一次小组合作，都是一次精彩的安排。讨论之前，孩子们明确了"我们要讨论什么？"讨论之后，出现不一样的结果，相异冲突又引发了新一轮的探讨。真是三次有效的小组合作学习！虽然预设的例题讲解没有时间完成，但孩子们在这堂课获得了乐趣以及多方面的能力锻炼，其意义要远大于多讲了几道题目。

4.美好的求知氛围

之前也听过数学课，尤其是男老师的数学课，逻辑严密、高效、节奏迅速。但秦老师的课很不一样，不急不躁，静谧温馨，教室里的每个人都能感受到美好的求知氛围。这与秦老师的素养和智慧有很大的关系。即便孩子有了明显的错误，秦老师也是以鼓励为主，所以孩子对"试错"看上去没什么压力。课上到最后的时候，出现了一个小意外：陆同学正精彩地进行着解题展示，多媒体里突然传出了一阵颇有喜感的音乐。孩子一时不知所措，秦老师笑言"因为讲得好，所以来点音乐鼓励"，一下子化解了陆同学的紧张。

看到课堂上孩子们自信从容的表现，我想这样和睦美好的课堂气氛不是一时能形成的，那是秦老师近期教学实验的结果。

补两个小细节：一是前文讲到的陆同学曾是一位学困生，今年留级在了这个班，而课上他的精彩表现让我禁不住为他鼓掌喝彩；二是前不久这个班的孩子悄悄地向我提出在思想品德课上利用三分钟为某同学制造生日惊喜，这也是我执教的八个班中仅见的事。我愿意相信这是秦老师实行小组合作学习的成果。在合作中，孩子获得的不仅是知识能力的增长，还有情感的丰沛。

三、"告知"与"求知"

观摩了秦老师的课，让我对"告知"与"求知"有了真切的体会。

告知的主语是教师。满堂灌、一言堂指的就是乐衷于告知的教学方式。即便前述的这两个词，已是贬义词，但是它们在常态课中依然有不竭的生命力，究其原因：一是在限定了的教学目标下，教师不相信学生完成得了预设的任务，"告知"意味着"帮忙"；二是告知能迅速统一认识，免了争论和节外生枝，"告知"意味着"省时"；三是成功地引领学生求知不是件容易的事，需要有高水准的教育智慧，于是"告知"意味着"省力"。

有的时候"告知"还是需要的，比如缺乏思维挑战或屈从于更大思维挑战的事实性结论。经常性地，我们会为了探讨一个问题，而提供相关的阅读材料。

不过，无效甚至有害的"告知"也频频发生着——强塞给孩子的观点、不经讨论出示的公式、不做实验直接采用书上的实验结果……当教师单方面给予的时候，其实是"以进为退"。在习惯于被"告知"的课堂里，孩子们认为结果比过程更重要，他们用记录和记忆取代思考和探究。可糟糕的是，孩子们没有体验到求知过程的快乐和满足，没有培养起终身受用的解决问题的能力，包括思维能力、操作能力、合作能力。

我想到一件让众多老师觉得不可思议的事：三四岁的女孩随手画了个半圆。幼儿园老师说，这是月亮，画得真好！女孩的父亲知道后，气愤地要控告老师，理由是你剥夺了我女儿想象的权利。很多情况下，不必要的"告知"就是剥夺孩子正当的权利。

求知的主语是学生和老师。注重求知的课堂，调整的不仅是教与学的顺序、教与学的时间分配，更是教育者对孩子的尊重。对教育指向的正确理解和实践，自然也少不了教师"以退为进"的教育智慧。

秦老师的课，没有提一些名词——生本教育、以学定教、后茶馆式教学、反转课堂等等，但让我想起了一句很美的话——教学相长，师生之间可以一起求真问道，探寻真理！

本文作者上海市实验学校附属光明学校张婧

我的"另类"复习课

我的复习课有了很大的改进，得益于《教师的挑战》一书的启迪。以学生小组学习讨论中质疑、解题的形式进行复习，到底学生是怎样看我的改进的呢？我作了一个小调查：这样的复习课能让你收获什么？你喜欢这样上复习课吗？我们还需要在哪些方面改进复习课？

结果大大出乎我的预料。学生在答卷中说"让那些上课觉得困的同学顿时有了精神"，说这句话的学生上课从来都犯困；"我们每一个人都能发言，我渐渐地大胆起来，不再胆怯"，说这句话的同学以前上课从来没主动举过手；"上课不走神了，认真了"，说这句话的学生上课经常走神。有六位同学认为这样的课更轻松更"提神"；"加强了团队合作，提高了做题效率"，18位同学有此感受；还有16位同学认为"集思广益、取长补短，拓宽视野、增长了知识"。

作这个调查绝非一时心血来潮，也不是为了炫耀，说实话，半年前我是没这个勇气作这个调查的。能让37位同学"喜欢"，三位同学认为"可以"的结果还是引起了我的思考。

一、复习不再满堂"灌"

先看看我的"另类"复习课。

"10分钟讨论，分析解题技巧和过程，小组长确定好发言的同学。"随着我的一声"令"下，同学们立刻投入到紧张的小组讨论中。接下来的十分钟内，同学们时而窃窃私语，时而高谈阔论，时而向同组的某位同学伸出大拇指，时而一组成员全体紧锁眉头沉思。我则游走于小组之间，时而倾听、时而微笑、时而默叹、时而点拨几句、时而询问讨论进程和结果。10分钟过后，到了紧张时刻了——"抢题"（抢着回答问题），这是这节课的第二个环节。前10分钟是针对整篇文章和所有问题的大范围讨论，接下来则是针对每一个小题的讨论。没想到我一直期待的学生主动举手回答问题的情景在这里出现了，还没等我分配任务，同学们个个摩拳擦掌，唯恐抢不到回答机会。当然对于一篇仅有四五题的现代文而言，让九个小组争着回答的确有点"僧多粥少"的味道，为了让其他并未分到题的同学也有事做，我给他们布置的任务是补充回答，随时待命，或者针对个别难题一题多讲。分配好任务后的两到三分钟，小组长协调组内成员，确定发言人，并最后重申问题，以便达到思路明确，表达清晰的目的，而我要做的就是静静地等待享受眼前热闹的情景。如果进展顺利或者完成一篇不是很难的文章的话，第三个环节应该需要15分钟左右，而接下来的25分钟，我这个"看客"也要"粉墨登场"了。简单的问题，听他们的回答并给予一定的肯定，当一回"收音机"；稍难一点的题目，我会把学生分析的思路再说一遍，让其他同学更加清楚解题思路，也可以把重要的知识点强调一下，当一台"复读机"；难题，我更喜欢做"内燃机"给他们"动力"，使他们顺畅地行驶在思考的轨道中。

就是在这样的复习课中，我几乎每堂课都欣喜地听到了诸如此类的回答："'铁公鸡'的意思是非常抠门，因为有句歇后语叫'铁公鸡—— 一毛不拔'，词语有贬义，但此处的"铁公鸡"却并非小气的意思，因为文题是《兰花的智慧》。再结合本段的内容，显然此处说兰花"铁公鸡"是为了突显兰花利用昆虫传粉却不给它们一点好处的智慧，这是典型的贬义词褒用。"词语被她这么一解释，老师也就无需画蛇添足了。我曾惊异于她的语言表达能力，而更让我惊奇的是这样的答案却是从一个中等水平且上课缄默的学生嘴里说出来的。

回顾这40分钟的时间分配，老师讲课最多占10～15分钟，不再是老师一人满堂"灌"的复习课了。

二、本是无心却"成荫"

这样上复习课本来是退而求其次的无奈之举，本学期初一位老师突然调走，本来是一个萝卜一个坑，现在这个"萝卜"拔掉了就得一个萝卜两个坑了。三个班的教学任务总让我有大脑缺氧、有气无力的感觉，临近月考我在被逼无奈之下想到了这个法子——让学生讲。与其老师毫无激情地讲课，还不如放手发动学生自学自讲，就在这样的情况下，我终于把课堂让给了它真正的主人——学生。

经过两次月考和一次期中考试的"洗礼"，我摸索着调整了上课的一些细节。例如分组，由开始的 10 人一大组变成了现在的四人或六人一小组；由开始混乱盲目的讨论到有组织有纪律的文明讨论，由一组一人为组长到人人做组长。再如发言，由开始教师规定发言人到现在由组长确定发言人；而讨论的形式发生的变化更大，由之前老师给定讨论题目到现在学生争取自己喜欢的擅长的或者有见解的题目回答。两个月的实践证明，不但学生的学习热情越来越高，学习效率也提高了，同学之间也更和睦了。一些原来"自私"的同学也不再只想着自己了。更为可喜的是，12 月的月考，我教的一个本来只能勉强达到平均分的班级居然跃居年级第二，且各项指标均名列前茅，期末考试成绩依旧呈上扬趋势，全班仅有两人未考满 80 分，90 分以上的有 14 人。这样的成绩更加坚定了我上这样的复习课的信念，也更增加了我继续在教学实践这条路上探寻的勇气。

为了验证学生的想法是否和我一致，这样的复习课到底能不能为学生所接受，如何才能让复习课更符合学生的"口味"，我才作了本文开头提到的调查问卷。没想到我的无心之举却给学生带来这么大的影响，真是无心插柳柳成荫啊。对于第三个问题，学生也向我表达了他们的想法："可以以积分制的形式鼓励所有同学参与讨论和回答问题，在学期末可以适当奖励或惩处""应该允许其他同学补充回答问题""这样的课除了有点吵什么都好，如果不吵我就更喜欢了"。看着这些建议和想法，我非常高兴和欣慰。他们身在其中但却并未当局者迷，反倒对课堂的问题了然于胸，倒是我这个老师有点被"胜利"冲昏了头脑，迷失了方向。

针对同学们的建议，我又对课堂作了如下调整：以小组为奖励单位，每答一题积 10 分，答错不扣分，补充回答一题得 5 分，答错不扣分。又是一节复习课，为了能获得得来不易的答题机会，小组成员间更加团结，举手的场面变得异常壮观、激烈——"抢题"的时候几乎是 40 只手同时举起，有时候老师倒有些犯难了，不知该让哪个组回答才是。

说实话现在回想起上课的情景我依然有点感动：那些没机会答题的小组在别人回答问题的时候都竖起了耳朵静听，即便说话的那个同学的声音再轻他们也不愿意放弃一丝得分的机会；而对那些答题的同学而言，他们也好像如临大敌，不敢有丝毫的懈怠，唯恐成为众矢之的。

调整之后复习课更加激情四射，学生们兴趣高涨，就连平日里令人头疼的作业问题也有了极大的改观：书写工整了、思路清晰了、语言完整了，正确率更是有了很大程度的提高。

三、"学"的关键在于"说"

我曾为自己因退而求其次的无奈之举而取得的教学效果感到惭愧，更让我想不到或者不愿接受的现实是，我为了完成老师的职责和上好每一堂课而精心准备，学生却在上课时交头接耳、走神溜号，甚至打瞌睡。而这样上课 40 个学生几乎全身心地投入，这样的反差难道不该引起我们的重视和思考吗？其实，学的关键还是在于"说"，只是说的主角不再是老师，说的内容不再是答案和结果，说的方式不再是老师讲学生听或记。以前老师说的目的是为了学生更好地学，现在让学生自己说的目的是为了让他们学得更好。

1. 你说我也说——讨论

讨论的目的并不是单纯为了得到答案，而是探究一道题或者一类题的解题思路，在讨论中可以听取他人的解题思路，取长补短，查漏补缺，时间一长自己也就慢慢地掌握了一些解题技巧。而这种技巧的掌握使其在讨论和摸索中得到学习方法，一旦掌握，不容易忘记也能在实践中运用自如。

2. 我说你听——讲解

一位成绩优异的同学在学习收获中这样说"作为一个组长，要比其他同学想得更深刻，要有自己的见解，也许是压力变为动力，做试卷时会多思考一会儿，正确率自然就提高了。"每个人都有讲解的机会和义务，无疑使得那些平时成绩一般且内向的同学得到了锻炼和提升。

美国学者、著名的学习专家爱德加·戴尔于 1946 年首先发现并提了一种叫"学习金字塔"的学习理论。他认为，传统的个人学习或被动学习方式学习效果在 30% 以下；而学习效果在 50% 以上的都是团队学习、主动学习和参与式学习，而学习效果最高的是讲给别人听，据说讲解人可以记住所讲解内容的 90%。日本的教授佐藤学在《教师的挑战》中指出实施小组合作学习的妙处。中国有句古话说得好，"三个臭皮匠，顶个诸葛亮"，这就是合作学习的优势。

同样我也为自己的无心插柳柳成荫而感到幸运，为自己的慧心未泯而感到庆幸，上了这样的复习课我才真正理解什么是"还课堂于学生"和为什么要"还课堂于学生"。

在教育改革的探索之路上没有先行者只有先觉者，没有永远的不败者也没有一味的失败者，我们一线教师虽是沧海中最微小的一粟，但也请不要妄自菲薄，即便不能撼动整个大海却足以浇醒我们自己。真诚地希望你能成为下一个幸运者，和我一起踏上教学实践的征途。

本文作者上海市南汇第四中学程春雨

我们永远在路上

——记一堂公开课《直角三角形的性质（一）》

黄建初老师推荐我们阅读了佐藤学教授《教师的挑战》一书，给我的启发很大。继而，在他的帮助和鼓励下，我和同组的王晓叶老师在学校八年级开展了"初中数学课小组合作学习对学生学习质量影响的行动研究"这一课题的研究。按照预定计划，将在11月26日上一堂公开课，由我主讲。

时间过得很快，一晃就到了11月25日，而我上课的内容却还没有选定。开始我想选已经考过的试卷上的一个内容，仔细想想，感觉不太合适。于是静下心来，翻看了课题研究内容的分解表，眼睛停留在"新授课适不适合应用小组合作学习"这一研究点上。今天课上，我刚好讲完《直角三角形的判定》，按照教学进度，明天我该讲新课《直角三角形的性质（一）》，何不以这堂课来进行研究呢？

《直角三角形的性质（一）》主要的内容是两个性质定理。性质定理一是内角之和等于180度，比较简单，绝大多数学生容易理解并应用；性质定理二是直角三角形斜边上的中线等于斜边的一半，相对较难。根据以往的经验，要学生通过证明来真正理解这个定理更难。考虑到这些，我想了个觉得可行的方法：先添辅助线，然后证明三角形全等，利用化归思想最后证明结论成立。这个学习过程比较适合进行小组合作学习，让学生通过小组合作，发挥众人的智慧，也能有效地解决问题。

11月26日，兄弟学校的同人以及教发院的黄建初老师早早地来到六灶中学进行观摩。

上课伊始，我提出了两个问题：一个是什么叫作直角三角形，另一个是三角形有哪些性质，通过复习将已学过的知识引入到本节课。

在讲解直角三角形性质定理一时，我设计了四个小练习，都是直角三角形，给出其中一个锐角度数，求另一个锐角度数。通过练习，学生自己很快就总结出了性质定理一，我在黑板上写好知识点，强调了一下格式，然后就指导学生有针对性地做了三道练习题加以巩固。

接着，我做了个变式训练，将普通直角三角形变为等腰直角三角形，通过分析得出结论：等腰直角三角形中斜边上的中线等于斜边的一半。然后，我就问学生我们是否可以猜测此结论对任意直角三角形都成立。不过，我也指出：由于等腰直角三角形是特殊的直角三角形，具有此性质，但不一定所有直角三角形都有此性质，我们只是猜测此结论适用而已，还需要证明。

那怎么证明呢？我设计了一个学生动手操作的环节，让每个学生都动手画了一个直角三角形，画好斜边上的中线，然后自己动手测量斜边上的中线和斜边的长度，得出关系，印证结论。当然，我也告诉学生这个结论也是通过实践操作得到的，操作可能有误差，是否可以通过几何证明方法得出此结论呢？以此引导从而自然过渡到性质定理二的证明。

我先在黑板上给学生画好图形，标注好顶点字母，要求学生小组合作学习，写出命题的已知和求证。写好已知和求证之后，教学就进入到了证明环节，同时也是研究"新授课到底适不适合小组合作学习"的重要环节。

由于题目比较难，需要添加辅助线辅助证明，所以我先提示学生：涉及中线可以尝试怎样添加辅助线？学生讨论得出添加辅助线的方法，然后自己在图上添好。接下来，我就问所添加的辅助线是否有用，是否可以起到证明作用。由此将学生引入到小组合作学习中。

学生在进行小组合作学习的同时，我则在各组间巡视。其间我发现很多小组都停留在添加好辅助线证明全等一步上，后面如何证明结论还是不知如何下手。个别的小组经我提示，他们可以转化思想，逆向来推结论的成立与否，然后我让他们再继续讨论。后来，我发现有三组基本上完成了命题的证明，思路相对比较清楚，其余小组的证明都只进行到一半，后面的推论过程被卡住了，没法再找条件前进了，所以我将他们带进小组交流中。

我选了一个小组组长，让她指定本组的一名学生到讲台前，根据黑板上的图形，给大家讲解自己小组讨论之后的结果。意想不到的是，这名同学不但准确证明出命题成立，而且讲解得很出色，博得了同学们的热烈掌声。接下来我问，是否还有其他的做法？想不到又有四名同学提出了自己的见解。其中一名学生提出的方法不准确，不过我肯定了他的研究精神还是好的，值得鼓励。其余三名同学提出的方法都很准确，有的比之前那个小组的方法更简便，有的则更具创新精神。

交流还在继续，下课铃声却响了。预设的练习没有时间完成了，但看得出来，学生讨论的热情未减，意犹未尽……

课后，按照安排，我们在学校行政楼三楼会议室进行了研讨。

研讨由黄建初老师主持，他让我先说一下这堂课的设想和研究的课题。黄老师则比较详细地给大家介绍了我们所研究课题的初衷、目前进展的程度以及遇到的困难。接下来就是大家的研讨。

作为我的研究伙伴，六灶中学的王晓叶老师首先发言。他没有客套，直奔研究而去，提出：一是学困生的参与程度还不理想；二是实践证明新授课也可以实施小组合作学习；三是在新授课的学习上，上课前最好让学生预习，也就是有"先备学习"的铺垫，这对学习比较难懂的内容有帮助，但问题是学生还不习惯，不能较好地完成"先备学习"的任务，操作起来有难度，需要我们好好研究。

进才实验学校的李老师说道：性质定理一的内容学生不难掌握，可以考虑压缩教学时间，把时间留给性质定理二的学习。建议教师把一个题目直接给学生，不要提示，也不要给学生框架，直接让学生去想，否则容易把学生框定在教师给出的方法上。

李老师的话说到我的心坎上了。备课的时候，我的第一想法就是如李老师所说，性质定理一的内容比较简单，学生也比较容易理解，在练习课上简单带过。这节课就直接讲解性质定理二，运用小组合作学习进行讨论研究，最后得出结论。但后来考虑到呈现课时任务的完整性，生怕随意改动会被认为是问题，所以一切就都按部就班了。看来以后还是要勇于放手，大胆尝试。

光明学校的秦老师则说，他观察的那个合作小组的小组长很"给力"，好生带动学困生共同学习，非常好！由此他认为，看来实施小组合作学习，对组长的培养和选择也是至关重要的。不一定要选学习成绩好的学生，学习好是一方面，最主要的是要选能协调好组内人员，安排好每个组员的任务，组织能力要强的学生。同时，秦老师还发现，小组之间差异性不能过于悬殊，分组时，要尽力减少小组之间的差异，如按分数计算的话，最好保证每组之间平均分相差不大，否则小组之间很难协调发展，共同进步。

对于秦老师提出的小组长的选择和培养，以及如何分组的问题，其实我和王晓叶老师也一直在研究，但一直没找到解决的办法，看来还得在以后的实践中慢慢摸索。

研讨在这样的氛围中很快就结束了，但"新授课到底适不适合小组合作学习"的讨论还在继续……

过了几天，我看到了兄弟学校的其他老师在网上对该课的评价。光明学校的倪老师就写道：

第一印象：真实朴素，不因为公开课而刻意准备。这节课上，孙老师所有的辅助工具便是一支粉笔、一把三角尺，再加上一张嘴皮子，愣是把一堂枯燥的几何课上得有声有色。第二印象：因势利导，不因为小组合作而刻意合作。孙老师安排的操作简单明了，三言两语便把性质一拿下。本节课的难点在性质二：直角三角形斜边上的中线等于斜边的一半。为分散难点，孙老师安排了一个过渡：与特殊的等腰直角三角形中猜测斜边上的中线与斜边的关系，进而证明在一般的直角三角形中这个结论是否成立。这个证明对于初二的学生而言，无疑是个难点。首先需要添加辅助线，然后证明两次全等。在学生面临证明的困惑之时，孙老师顺水推舟地安排了小组合作，群策群力，各抒己见，合作学习。加上老师的适当启发，最终圆满完成证明任务。第三印象：关注深入，不因教学进度而阻断思考。在小组合作学习过程中，孙老师完全将时间给学生，满足学生的要求。在最后的交流中，每个小组都能有机会进行交流。在得到完美答案之后，孙老师没有立即进行下一环节的教学实际应用，而是继续让学生交流小组的合作结果，讨论有没有不同的证明方法，让每个学生都有交流的机会，感受到小组合作的成就感。虽然最后由于时间有限，孙老师没有来得及进行下一环节的教学，但于学生而言，过程比结局更为重要。

黄建初老师工作室的张老师也为此写了一篇活动简讯：

课后的研讨在宽松的氛围中进行，充分体现了对小组合作学习教学的探索性研究。孙老师抱歉于没有时间完成例题的讲解，大家则认为不拘泥于预设，给予学生在组内充分的研讨是这节课的亮点。在组内互助的情况下，被指导者得到了同伴的关注和细致的辅导，从而能够保证其在课堂的参与度（聆听也是一种参与）；指导者在讲解过程中其自身的知识能力也得到了巩固和提升。撇去教学相长之外，单是在一次次小组合作中形成的包容、共享、创造、协作的品质不也是教育的指向和目的吗？这节课以事实证明了在新课中实施小组合作学习的可能性，给其他老师的教改提供了一种可能。

没想到，我的这一堂公开课激起了大家这么热烈的讨论。课虽然结束了，而且是一堂没有上完预设内容的课，但研究还在继续，一切都还在探索中……

黄老师说，继续前行，但会有难度，以学定教，但又要求很高。黄老师还说："我们永远在路上。"王晓叶也对我说："光明就在前方。"

好吧，我们一起前行吧！

本文作者上海市六灶中学孙健

❦ 后 记 ❦

2014 年 9 月 16 日是一个值得纪念的日子，是这本书完成的日子，更确切地说是我决定搁笔的日子。再回首，脑海里就会呈现出很多熟悉的面孔，首先当然是佐藤学先生。2007—2008 年在国家留学基金管理委员会的资助下，在恩师钟启泉教授的推荐下，我来到日本东京大学教育学研究科访学，其间我的指导老师就是佐藤学先生。虽然我早已经通过阅读《课程与教师》《学习的快乐》等专著，认识了这位德高望重的教育研究者，但是真正走进佐藤学先生的研究世界时，还是不断受到震撼。

我记得第一次到东京大学图书馆检索资料时，当我键入"佐藤学"三个字时，跳出来的文献资料竟然有 200 项之多。我虽然知道佐藤学先生高产，当时翻译成中文的也有四本，但是没有想到他写的论著、报告也足以摆满整个书架。东京大学的书店里，佐藤学先生的著作被摆放在最为显眼的位置。据说"小学馆""国土社""有斐阁"这些知名出版社都争相出版佐藤学先生的书，因为他的书常常都会出现在畅销榜中，受到教育工作者的一致好评。

一般情况下，这样一位著作等身的研究者，一定是每天躲在书斋中"两耳不闻窗外事，一心只在写论著"。但他却是一个特例，他一直把自己看作"行动研究者"，对他来说，学校里、课堂上才是他真正的兴趣归属。佐藤学在东京大学每周有两整天的课，其他时间几乎都在中小学听课、指导，"课例研究"和"现场研究"的专业课也是在中小学里进行的，对我们来说那是一种"边缘参与"式的学习。可以说，佐藤学先生一般情况下要么在学校，要么在去学校的路上。面对基础教育出现的种种危机，佐藤学先生带领着青年研究者们、上千所中小学的师生们在摸索中前行，他是个坚定的改革者，而且一直是在队伍的最前面领跑，他相信任何危机都是可以解决的，用他的话说"一切的答案在现场"。夜以继日的工作占据了他所有的时间，就连睡眠的时间也被分散在工作的间隙。他用在实践中学到的智慧不断化解着人们的困惑和难题，他不畏惧苦难或者失败，我想背后的支撑力应该不止是坚强，更有兴趣、责任。

近年来，佐藤学先生的书受到国内读者的热切关注，他的行动研究方法，他对教育现场的把握，对"学习共同体"的倡导都引起了教育研究者和教师的共鸣。2011 年 3 月佐藤学先生受上海市教委的邀请来华讲学，当时《上海教育》辗转找到我，希望我能写一篇介绍佐藤学先生的文章，于是就有了《他是"静悄悄革命"的缔造者》一文（发表于《上海教育》2011.12）。

得益于此文，《教师月刊》的编辑程晓云老师再次找到我，她希望我能为《教师月刊》新设的栏目"走进佐藤学"撰文，于是从 2012 年 1 月开始，我先后为专栏撰文六篇，不但系统介绍了佐藤学先生的教育思想与改革实践，而且结合我国当前教育教学的实际，对当前的一些比较核心的问题作了阐释。《教师月刊》是一本为广大教师所熟知的刊物，影响面很大。连载了两期之后，程老师就高兴地跟我说："'走进佐藤学'这个栏目非常受欢迎，一些学校校长和老师反响很强烈，有的学校还召集教师共同学习你的文章呢。"程老师希望我继续写，最好能够形成一本书来全面介绍佐藤学先生的教育思想和主张，我的回答略带忐忑："那我试试吧。"

虽然也经历了矛盾和纠结，但最终我还是坚持做了这件事情，三年来这本书的撰写一直被排在我日程上的重要位置。这本书不只是向佐藤学先生及其对教育研究的贡献致敬，更多的是我希望通过自己的努力来提倡一种"走向教育实践"的研究方式和行动方式。我在博士论文《教师实践性知识论——中日比较研究》（华东师范大学出版社，2011.10）开篇就表达了自己的主张：我们的教育研究应该关注实践，关注教师真实的生活世界。研究者不能只是自说自话，而是要倾听教师第一人称的言说。研究因为与实践的密切结合才真正"立地"，在土壤中吸收营养，才能枝繁叶茂。在这一点上，佐藤学先生的思想和研究方式确实给予我启发和力量。

正是出于对学校现场和课堂教学发自内心的兴趣和关注，我也养成了每周必到学校听课、录像，必与老师们聊课、研讨的习惯。根据学校和老师的发展需要，借鉴佐藤学先生的实践研究方法，依据"学习共同体"的精神，与教师们共同探讨如何促进学生提升学习品质，如何为学生创设润泽的课堂，如何在提升课堂教学质量的同时，与教师们共同营造精神家园。所幸的是，与我有着共同旨趣的同行者甚众，这里既有醉心实践的教育研究者，更有很多的中小学校长和老师，我们在为共同的目标努力着。

在本书中出现的几位研究者和老师只是其中的代表。姜美玲博士、张娜博士、王丽琴博士、郑新华博士、黄建初老师、杨海燕老师等等都长期沉浸于教育实践研究，炼就了课堂观察与分析的绝技，兢兢业业地进行着"以学生学习为核心"的教学研究与指导。曹哲晖、袁晓雯、吕立晨、薛晨、方建华、田志卿、秦志军、张婧、程春雨、孙健、潘青等老师都是热心于研究的优秀教师代表，有着强烈的教学改革热情，乐于学习，勤于思考，在与研究者合作的过程中，对合作学习有独到见解，也为教育研究者提供了借鉴。在共同进行以"课堂观察与教学改进"为核心的研究过程中，我们对众多的素材进行了分析整理，将几个典型的案例以研究报告或者课堂观察记录的形式呈现出来，多数的追踪观察和研讨都演化成了一节节改进课。对我们来说，这才是最为重要的。只有将研究转化为真实的课堂成果，才能让教师和学生们真正受益，这也是我们的研究动力之所在。

写作过程是快乐的，也是难忘的。因为这不仅是对佐藤学先生教育思想的挖掘过程，更是我们的课堂教学研究不断深化的过程。我们团队不断扩大，成果也在不断增多。更可喜的是，我们的研究更多的是本土化的，是在我们自己的园地里成长起来的，因此是接地气的，在本土的课堂上有着顽强的生命力，这也是教育现场的魅力，是一线的校长、老师、学生赠予的智慧，我们要用之反哺我们可敬可爱的教育工作者们。佐藤学先生的"学习共同体"思想正是体现了这种共享、互助的精神。学生的合作、教师的互助、教育研究者的广泛参与，这就是"学习共同体"的愿景，也是改革得以持续的希望与路径，也是佐藤学先生给予我们的最宝贵的精神财富。

遗憾的是，与师生共同创造的多样而灵动的课堂相比，我们能够记录的部分实在是微不足道，能够在记录的基础上形成有思想、有见地的文字，更是难上加难。所以很多精彩的课堂更多地被留在了头脑中，融化在教学现场学到的智慧里。

本书在写作过程中，受到了佐藤学先生的关注和恩师钟启泉教授的指点，钟教授还在百忙中欣然为本书作序。单位的领导、同事一直关心和帮助我，前院长顾致跃研究员、陈珍国院长、李彦荣主任等给予我研究的空间和平台；姜美玲博士、安桂清博士、王洁博士、黄建初老师、郑朝晖老师都不断给予我鼓励与支持，他们亦师亦友，无论是为人还是为学都是我的榜样。高东中学、沪新中学、福山外国语小学、建平中学、张江实验中学、东昌中学东校、南汇第四中学、六灶中学、上海市实验学校附属光明学校等各所学校的校长和老师给我们提供实践研究的园地，也为我们提供了实践智慧的养料。特别是福山外国语小学的石惠新校长、钱芳校长在整个研究过程中全程参与、全校动员，在她们身上我看到了追求卓越的努力与担当。华东师范大学出版社的程晓云老师不但是本书的发起人之一，还给予我多方面的帮助，极为包容和耐心。在此，深表谢忱！

我的家人在生活上和精神上给了我极大的鼓励和照顾，使我没有后顾之忧，全力投入研究和写作。这本书的写作过程也是孕育小女若霖的过程，现在她已经牙牙学语，这本书也终于集结成册。初为人母的我更了解孩子的可贵，更懂得家长和老师的艰辛。正如张晓风在《我交给你们一个孩子》中写的那样，"当我把我的孩子交出来，当他向这个世界求知若渴，世界啊，你给他的会是什么？"多重角色让我更加懂得"托付"与"慎重"的意义。

如何与一线老师一起创建润泽、合作而温暖的课堂，促进学生有效地学习，这是一个长期的课题，我们会一直深入下去，过程虽然艰辛曲折，我们却甘之若饴。因为这是我们的志趣之所在，责任之所在！

陈静静

于上海浦东

图书在版编目（CIP）数据

跟随佐藤学做教育：学习共同体的愿景与行动/陈静静等著. —上海：华东师范
大学出版社，2015.1

ISBN 978 - 7 - 5675 - 3035 - 5

Ⅰ. ①跟... Ⅱ. ①陈... Ⅲ. ①佐藤学—教育思想—研究 Ⅳ. ① G40-093.13

中国版本图书馆 CIP 数据核字（2015）第 024347 号

大夏书系·教师专业发展

跟随佐藤学做教育
——学习共同体的愿景与行动

著　　者	陈静静 等
策划编辑	程晓云
审读编辑	齐风楠
封面设计	奇文云海·设计顾问

出版发行 华东师范大学出版社
社　　址 上海市中山北路 3663 号　邮编　200062
网　　址 www.ecnupress.com.cn
电　　话 021－60821666　行政传真　021－62572105
客服电话 021－62865537
邮购电话 021－62869887　地址　上海市中山北路 3663 号华东师范大学校内先锋路口
网　　店 http://hdsdcbs.tmall.com

印 刷 者 北京季蜂印刷有限公司
开　　本 700×1000　16 开
插　　页 1
印　　张 15.5
字　　数 290 千字
版　　次 2015 年 5 月第一版
印　　次 2024 年 10 月第十三次
印　　数 33 101 - 34 100
书　　号 ISBN 978－7－5675－3035－5/G·7904
定　　价 42.00 元

出 版 人 王　焰

（如发现本版图书有印订质量问题，请寄回本社市场部调换或电话 021-62865537 联系）